探寻阅读技巧，提升思维能力，提高阅读效率

超级阅读法

有效的阅读能力提升法

韩　非◎编著

中国华侨出版社

图书在版编目（CIP）数据

超级阅读法 / 韩非编著. — 北京：中国华侨出版社，2017.6

ISBN 978-7-5113-6872-0

Ⅰ. ①超… Ⅱ. ①韩… Ⅲ. ①读书方法 Ⅳ. ①G792

中国版本图书馆 CIP 数据核字（2017）第 136865 号

● **超级阅读法**

编　　著 / 韩　非

责任编辑 / 晓　棠

责任校对 / 孙　丽

装帧设计 / 环球互动

经　　销 / 新华书店

开　　本 / 710 毫米×1000 毫米 1/16　印张 /16.5　　字数 /192 千字

印　　刷 / 香河利华文化发展有限公司

版　　次 / 2017 年 8 月第 1 版　2017 年 8 月第 1 次印刷

书　　号 / ISBN 978-7-5113-6872-0

定　　价 / 36.80 元

中国华侨出版社　北京市朝阳区静安里 26 号通成达大厦 3 层　邮编：100028

法律顾问：陈鹰律师事务所　　　　　编辑部：(010) 64443056　　64443979

发行部：(010) 64443051　　　　　　传　真：(010) 64439708

网　址：www.oveaschin.com　　　　　E - mail：oveaschin@sina.com

前言

　　阅读是人们获取知识的重要来源之一。阅读不仅可以帮助我们获取有用的知识，解决疑难；更重要的是可以锤炼我们的精神，让我们的内心世界更加丰富，灵魂更加深邃。自古至今，阅读一直为有识之士所推崇，并不是没有理由的。

　　尽管随着社会的发展和进步，我们的阅读条件比先人好了很多，但拿起书本进行阅读的人却愈发少了。在公司里，我们面对着电脑；回到家里，我们又掏出了手机等电子产品。其中的原因倒也不能完全归结于今人不好读书，而是与我们生活的时代有关。

　　有人用信息爆炸来形容我们所处的时代，这一比喻是极为恰当的。根据统计，早在 20 世纪 80 年代，全球信息量每 20 个月就增加近一倍；进入 90 年代，信息量更是以几何级别增长；等到 90 年代末互联网出现后，信息量的增长真的是一种爆炸了。

　　信息量变得庞大，人们的生活、工作也不断加快，现实留给人们静下心来品读的时间真的是所剩无几。这就是人们越来越多地通过互联网和电子产品，而非书本去获取资讯的原因。但通过互联网获取的信息，不仅呈现出碎片化的特征，也使得人们进一步丧失了深入阅读与理解的能力。

　　因此，如果人们能够掌握一些快速阅读的方法和技巧，不仅可以使阅读贴近当前不断加快的生活、工作节奏,同时还能进一步提升阅读能力。出于这一考虑,我们编著了这本《超级阅读法》。在这本书中,我们首先对阅读这一人人耳熟能详的词汇进行了深入的分析,帮助读者先明确阅读的本质;接下来,本书又以速读作为主要切入点,对速读的优势、方法、阅读准备及要点做出了全面的概括。为了帮助读者在现实阅读中更好地掌握速读,除了整体介绍以外,我们还介绍了日常生活中最为普遍的几种高效阅读方法,如猜读、寻读、跳读、略读、扫读等,以及一些在速读中能够派上大用场的速读技巧和训练方法。此外,我们还针对各种不同类型读本的特征,为读者分别指明了阅读的要点。我们衷心地希望,读者在读完本书之后,能够掌握这些速读方法,并放下手头的智能电子产品,重新拿起搁置已久的书本,再次体会阅读书本的真正乐趣。

目录

第二章　速读,全新的阅读体验

第三章 快速阅读方法

第四章　速读技巧与训练

第五章　不同的书该怎么读

第一章

走进阅读

表面看来，阅读（主要指传统的纸质阅读）似乎是一个离我们越发遥远的概念了。不论是坐在地铁里，还是走在街道上，随处可见的都是拿着手机浏览的人们，似乎这才是当今时代人们获取资讯的最佳途径。然而，事实真是如此吗？

有人把当今时代称为信息碎片化时代，这是因为我们从网络上所能了解到的大多数都是零碎的信息，长此以往，我们将无法系统地进行学习，而且注意力也会逐渐下降。因此，阅读对于当今社会的人们来说，仍然是一种极其必要的学习方式。

尽管我们大多数人从小就有过阅读的经历，但对于阅读这一概念，我们是否有过充分的认识和了解呢？何为阅读？如何阅读？阅读什么？这些都是我们在实际阅读中，首先要了解、明确的概念。只有对阅读本身有了足够的认识，我们才能从一本书中更好地获取所需要的知识。

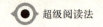

第一节　如何看待阅读

阅读在本质上就是择取信息

阅读是人类最为优秀的习惯之一，正是凭借着阅读的力量，我们才能不断学习到更多的知识，指导自己的生活实践。从过程看，我们可以把阅读定义为通过运用视觉，从文字、图片、符号、公式、图表等各种文本媒介之中获取信息的过程。从这一定义来看，阅读的本质其实就是人处理信息的过程。

对于阅读本质的理解，当然不能仅停留在这么浅显的层次。事实上，要想完成一次全面的阅读，每个读者都要先后经历三个阶段，分别为获取信息、处理信息和创造信息。

1. 获取信息——阅读的基本工作

从字面上，我们很容易理解获取信息四个字的含义。在获取信息的阅读过程中，每一位读者都是通过文字、符号、图片等文本媒介，借由各种或传统，或现代的信息媒体，来实现对信息的接收。毫无疑问，这是阅读当中最为基础、浅显的一项工作，也是实现有效阅读、步入接下来两个阶段的先决条件。

2. 处理信息——阅读的重点工作

抛开深入的研究不说，单就一本书的表面而论，其中包含的信息量都是极为庞大的。很显然，当今时代大部分的阅读，都不是为了将之全盘吸收。对于本着实用二字去阅读的人来说，信息量的大小，并不是自己阅读的着眼点。关键之处在于，自己能否通过阅读掌握所需要的那部分资讯、信息。因此，阅读者本人必须对第一阶段中所得到的信息加以分辨、择取，吸收有助于自己解决问题，或是满足阅读需求的内容。这一阶段可以视为是读者与书中知识的初级互动，只有完成这一步，阅读才算是初步实现了价值和意义。

3. 创造信息——阅读意义的升华

在第二个阶段完成之后，一次普通的阅读就可以勉强宣告落幕，但我们千万不要认为那就是阅读的终止。事实上，每一位读者都有着各自不同的出发点，他们必须根据自己的出发点来判断是否结束一次阅读。对于部分读者而言，阅读只是为了获取现成的信息；但也有一部分读者的出发点更深：从表层信息中发掘内涵，提炼更为深邃的观点。要实现这一目标，读者就必须将自己的观点与阅读所得的信息进行交流、碰撞，做出取舍，才有可能凝结出新的果实。比起第二阶段，这显然是一种意义更为深远、价值更加巨大、也更加考验阅读者智慧的信息互动。

通常情况下，当这三个阶段逐一通过之后，我们才可以宣布一次阅读的成功结束。但在现实当中，不同的人有不同的阅读需求。就阅读的本质而言，很多时候，人们重点需要的并不是完成流程，而是各取所得。因此，我们可以说，评判一次阅读是否完成，同样可以以是否取得了满意的收获作为标准。很遗憾的是，就许多阅读者的表现来看，他们还远远没有达到这一标准。因此，阅读能力对于大部分人来说，都还有着大幅的提升空间。

基础阅读——阅读能力的第一个层次

说起阅读的层次，很多人脑海中首先想到的，都是著名学者王国维的学问三境界："昨夜西风凋碧树，独上高楼，望尽天涯路"

"衣带渐宽终不悔，为伊消得人憔悴""众里寻他千百度，蓦然回首，那人正在灯火阑珊处"但这是就读书治学的宏观角度而言。在具体的阅读、获取信息的过程中，根据每个人阅读能力的不同，有人也将其分为了四个层次。

关于阅读的层次也有很多种表述，其中最具有影响力的是出自美国著名教育家莫提默·J. 艾德勒、查尔斯·范多伦合著的《如何阅读一本书》。在这本风靡全球的书籍中，作者将阅读能力划分为了四个层次。这四个层次围绕着获取信息与理解这一主题，由浅到深、环环相扣、渐进包容。其中第一个层次，便是基础阅读。

事实上，大多数人还在小学的时候，就已经开始进行这一层次的阅读能力培养。由于这一层次实在浅显易懂，几乎大部分的读者最后都能够达到。

这一层次对阅读者提出了最为基本、简单的要求。之前已经提到，阅读的本质在于获取信息。要完成这一工作，阅读者首先必须借助文字、符号、图片等文本媒介，在与它们的互动当中，直观地去搜寻浮现在文本最表层的资讯、观点、概念。只要能够做到这一点，基础阅读也就算是过关了。

因此，从表面来看，这一阅读层次很轻易就能够达到，然而事实上，情况却不像我们所想的那样乐观。在这一层次的阅读能力培养中，为了更为有效地获取信息，人们也需要在一些方面加以注意。

第一是弄懂一个句子的基本内容

也许会有很多人对此表示不屑，他们发自内心地相信，这对他们并没有任何难度。但事实上，仍然有很多人没办法在这一要求上达到合格。

中国古代的著名文人陶渊明，曾提到一种长期以来都备受争议的阅读方法——不求甚解。无论这一观点的正确性与适用性为何，我们都必须提醒人们注意：这是就阅读当中的理解阶段而言。之前我们论述了阅读本质的三个阶段，其中，通过理解来创造信息是最高的一级。在以获取信息为出发点的阅读当中，我们必须抛弃不求甚解——因为它常常演变为囫囵吞枣。

为了实现快速地获取信息，很多人都会选择走马观花式的读书方法，然而，这与速读在本质上仍有很大不同。关于速读我们会在之后详细阐释，这里只论述平日里常见的快读。

在基础阅读的层次当中，最重要的是明白"这个句子说了些什么?"不论我们的阅读需求多么迫切，还是要对每一个句子的基本内容有直观的明确认识。这样才不会错过那些我们原本想要获取的信息。

第二是对字眼、词汇的了解与捕捉

在基础阅读当中，人们又进一步提炼出了四个阶段，其中第三个阶段的要点即在于此。即便是从字面意思当中，我们也可以轻易地看出它对于阅读者的重要意义。不可否认，当今世界的大部分阅读，都停留在第一个阶段（获取信息）中，这一过程自然是越快越好。偏偏在大部分的阅读当中，文本信息都是浩瀚如烟海的，如何更加快速直观地认识每一个句子的内容，这就要求阅读者掌握一定的方法。

大部分阅读者在实际的阅读当中，注意力经常开小差。尤其是当文本中出现一个罕见、陌生或是其他类型的文本（外文、网络词汇、专业词汇、图片与文字的交叠等）时，阅读者的阅读进程就会受挫或者中断，就像一列原本畅通无阻的火车，因各种外力而不得

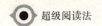

不紧急刹车。这样的阅读体验显然并不愉快，同时也是导致获取信息效率低下的原因之一。

大多数阅读都是以文字作为途径，从一个人对文字的掌握程度，多少可以窥见他获取信息的成果如何。为了完成更好的阅读体验，实现更为高效的资讯获取，所有阅读者都必须在这一层次的阅读当中，尽可能地提高自己对各种文本的了解与熟悉。只有这样，才能实现对信息资讯的快速、有效获取。

检视阅读——阅读能力的第二个层次

检视阅读又有一个称呼叫作略读，这也是一个极具迷惑性的名称，容易让人产生错误的理解。然而，这一层次的阅读，比上一层次对阅读者提出了更高的要求。

只有精通了第一层次的阅读，才能进入检视阅读中；进入了检视阅读的层次，阅读的意义才真正开始凸显。在这一层次的信息获取中，阅读者要充分注意一个概念——规定时间。

从某种意义上来说，这一层次仍然可以看作是对阅读者获取信息能力的培养。如果说第一层次的信息获取显得太过碎片化，那么第二层次就更像是整体拼凑——在最短的时间内，从整个文本的角度来整合信息。要实现这一点，阅读者们也同样可以使用一些常被忽略的方法。

第一种方法是有系统的略读

这一方法的关键在于系统二字。翻开书本，通常首先看到的是前言、目录，在正文之后，偶尔也有索引。大部分阅读者都会直接从正文开始，其实这并不是什么好习惯。表面看来，阅读前言、目录等会占据部分时间，但比起一头扎入文海的粗暴做法，检阅目录

6

既高效又不失优雅。

想要获取信息，我们首先要明了这样一个问题：信息在哪儿？即使是对于熟练掌握速读诀窍的人来说，明了这一问题后，他们的信息获取也会更加便捷。在阅读之前了解序言、目录，就是一种渠道。尽管序言和目录的篇幅不会太长，但任何一位作者都不会草草写就。甚至，在这些文字当中，就包含着整本书的精华。在阅读之前看一遍这些东西，我们就可以初步了解：我们是否可以从中获取自己所需的信息？如果能，我们又能够获取多少？明白了这些，我们就可以在阅读开始之前，更加直观地判断这次阅读的价值，并且用最短的时间来完成资讯的搜集、获取。

阅读索引的意义则体现为阅读价值的增幅。很多情况下，我们所需要获取的信息量都是极为庞大的，一两本书并不能满足我们。从索引当中，读者很容易能够找到自己需要的相关信息。这就在一定程度上为我们省下了寻找的时间。

爱因斯坦有一个著名的"总、分、合"阅读方法，这就是系统性略读的强有力说明。所谓的"总、分、合"就是：先对全书形成总体的印象，在浏览前言、后记、编后等总述性东西的基础上，认真地阅读目录，概括了解全书的结构、体系、线索内容和要点等。只有完成了这一"总"的工作，才能开始接下来的阅读。而"分"就是在"总"的前提下，逐页却不是逐字地略读。这一过程的重点便是关注那些与自己需要密切相关的东西。而"合"则可以视为阅读本质的第三个阶段，是对所获得信息的梳理、归纳、总结。

这种"总、分、合"式的阅读，是流行程度很高的一类阅读方法，尽管从层次上来说还没有达到最高，但对于常人来说，做到这一步的同时，阅读本质的三个阶段也就基本完成了。因此，有系统性的略读可以说是极其实用的。

第二种方法是粗读

很多时候，造成阅读效率低下的原因还有一个——分心。无论我们的目的是获取何种信息，在阅读的过程当中，我们都会被一些与当下无关、但又十分有趣的信息所吸引，偏离了阅读的主题。又或者，我们会把时间浪费在对某个概念的详细了解上。这时，不求甚解的读书态度就派上了用场。在满足了基础阅读的"弄懂句子说什么"这一要求后，读者们根本无须再对其中的个别概念立即进行探究——还是让我们先把该捞的鱼都捞起来，再一条条地分辨大小吧。

分析阅读——阅读能力的第三个层次

进入到分析阅读的层次，基本上就可以说是精读了。尽管这通常需要花费更多的时间，不一定适用于需要快速获取资讯的读者，但为了实现对信息的优质获取，或是增进对书本的理解，我们仍然可以从这一层次的要求中，找到一些有助于阅读的方法。

如果说之前两个层次是浅尝辄止、生吞活剥，到了分析阅读的层次，就要求读者们细嚼慢咽了。分析阅读不仅要对一本书的内容进行系统性的了解，更要对一本书所属的范畴进行一定的了解，然后带着自己的问题走入文字的海洋之中。

分析阅读的第一个可采纳点，就是带着问题去阅读，同时这也是一次优质阅读的前提。一本书中的信息量太过庞大，如果没有立足点，我们的思维和认知很容易就会被冲散。首先，我们应该明确自己的阅读出发点，并围绕着这一点反复思考：我要获取什么样的信息？这个信息是否是我所要了解的？这一信息是否值得采纳？只有想清楚了这些问题，才不会被那些细枝末节的无用信息干扰自己的思路，使自己能够全神贯注地沿着最初的方向进行阅读。

第二个要点就是善于搜寻关键句。从获取信息的角度来看，搜寻关键句无疑是最直接、最直观的方法。一本书不论文字多少，最关键的句子也是寥寥无几。准确地找到这些句子，就可以更好地理解整本书的主要观点，让阅读更加高效。

第三个要点就是抓住主旨。任何一本书都是作者围绕着一定的主题写就，抓住了主旨，才有可能真正贯通一本书籍。在具体的阅读当中，如果能够明确书中的主旨所在，就能够对其中的所有文字、观点做出主次之辨，更好地把握其中的精髓，加深理解。

专注于主旨，不等同于忽略其他。事实上，要进入这一层次，前两个层次的阅读就必须合格。也只有弄懂了每一个句子的内容，才有可能从中提炼出关键句和主旨。

主题阅读——阅读能力的第四个层次

当进入这一层次的时候，一个人的阅读能力就已经达到了巅峰。这一层次不仅要求读者对某一本书中的内容进行分析，甚至还要突破某一本书的范围，从主题的宏观角度，对同一主题的书进行互相比较。因此，这一层次也被称为比较阅读。围绕着同一主题，不同的书会有不同的阐发角度和方式。主题阅读所要做的就是，通过对不同书的框架进行比较，提炼出一套全新的主题分析和阐述模板。

这一过程可以说是极其费力，在大部分以获取信息为目的的阅读当中，很少能够用到这一方法。但对于另外一部分以理解作为根本方向的读者来说，这一层次甚至才可以说是阅读的开始。在前期

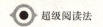

的三个阶段中所做的，都只是为接下来的事情做积累罢了。

在开始进行主题阅读之前，不仅要跨越基础、检视、分析这三座大山，还需要走一段漫长的征程。主题阅读可分为两个阶段，一个是事前准备阶段，一个是正式实施阶段。

首先是准备阶段。这一阶段的要点在于明确自己研究的主题——没有方向，任何一本书的内容都无法准确把握。在确定了自己的方向之后，便要广泛地从书海之中搜寻，找到符合自己主题的书籍，然后准备战斗。

在进入正式实施阶段的时候，我们就可以放过书中与主题无关的章节了，这样可以使我们的阅读离目的更近一步。接下来的第二个步骤是以自我为中心，整合每本书的主旨。

这一步骤的难度在所有步骤中堪称是深渊级。在传统的学习型阅读当中，我们只需要跟着作者的想法走，毕竟他比我们优秀太多。然而为了得出新的概念，我们就势必要与作者进行思想上的交锋。

然后第三个步骤也并不轻松。在费尽千辛万苦、终于平息了各位作者的冲突之后，我们还需要确定一个主旨。这一主旨必须与之前拟定的主题相吻合，并且能够切实解决我们要解决的问题。否则，阅读就会一无所得。

第四个步骤是界定议题，然后将所有作者对议题的观点一一摘出。只有在思想的碰撞当中，才会诞生出最美的火花；只有通过对所有观点进行比较，才能真正得出汇集众人思想精华的观点。

操纵各人的思想去碰撞的过程，就是第五个步骤，然而这一步骤也不仅仅是得出结论这么简单。在人们看来，比得出结论更重要的是确保自己的思路正确。真理是至高无上而又难以企及的，轻易做出的断言，不见得就是我们所需要的信息。正确的思路可以为我们得出正确结论打下坚实的基础。

以上就是阅读当中的四个层次，也是多少年来，无数阅读者都在苦苦冲击的四道关卡。每越过一个层次，阅读能力都会有相应的提升。不论我们翻开一本书的理由为何，阅读能力越高，越是能收获我们想要的东西。

第二节　阅读的要点是什么

想清自己的出发点

很少有人的阅读是出于无心，即便真的如此，为自己找一个阅读理由也是更加明智的做法。如果只是为了阅读而阅读，效率必然相对低下。

并不是所有的书都适合阅读，书中的观点同样不是处处正确、值得采纳。唯有明确了自己的观点，才能对书中的要点进行扬弃，成为一名优秀的阅读者。对于以搜集资讯为目的的阅读者来说，唯有牢记自己的需求，围绕着需求来审视文本，才能更快、更准确地检索出所需要的信息。

还有一部分读者的阅读，是为了探究隐藏在文本字面下的深刻内涵，属于带有思考性质的理解阅读。对于这部分读者而言，出发点就在于自己的主旨。在翻开书之前，应该先问自己心中的疑惑为何，然后再去从书中寻找答案。这一过程不可避免地要遭受思想上的冲击——不论如何，千万都不要忘记了自己的疑问。尽管大多数情况下，作者的观点比自己的更加深入，但也并不意味着我们可以被牵着鼻子走。接收信息时，读者们要用自己的头脑去思考、判断，而不是人云亦云，迷失在别人的精神世界里。

为此，在阅读之前我们可以先做一个准备工作：记录下自己脑海中的关键词。不论是获取信息也好，还是深入理解也罢，在阅读的过程当中，我们都需要对自己所需的信息进行记录，以便于接下来的工作开展。既然如此，把自己的出发点用几个具有概括性和代表性的词汇写下来，就是更加稳妥的做法。在阅读、摘记的过程当中，读者一方面可以时时地进行对照，加深自己的阅读心理暗示；另一方面也可以根据先前所列举的词汇，保证自己的阅读思路不会跑偏，能够紧扣自己的主旨和需求来完成基础的阅读和信息搜集。

走眼之外，更要走心

进入信息碎片化时代，人们接收信息的渠道更加广泛。通过互联网来接收碎片信息，与通过阅读来接收信息并不是同一回事。接收碎片信息有着很大的随意性，事前往往不需要人们有所准备，还会让许多人的注意力愈发分散。有的学者十分严肃地指出，正是由于碎片化的阅读，才导致了碎片化的思维，让人们缺乏耐性与思辨能力，难以从传统的阅读模式中真正有所收获。

这一论点很大程度上解释了为什么现代人读书少、读书困难的原因。由于生活、工作节奏的加快，为了从海量的信息之中最快地淘选，大部分人的阅读都变成了走马观花。凭借着各种电子设备，人们可以很轻易地被动接收到自己想要的信息。长此以往，身体和大脑都会变得越来越懒，对传统的文字阅读感到更加吃力。这也是当今社会许多人反对碎片化阅读的原因。

很多人都有过这样的阅读体验，最开始翻一本书的时候，阅读像是一条奔涌的大河；但不知道从什么时候开始，阅读的过程就变成了蜿蜒曲折的小溪。很多时候，自己的眼睛明明扫过一段文字，却对这段话视而不见；又或者读到一段论述前文内容的文字时，才惊讶地发现自己似乎根本就没注意到那些内容！为此，他们经常需要在读完一段文字之后，重新返回起点阅读。这就是因为在阅读的过程中，随着时间的推移，人的注意力也在逐渐下降的缘故。很显然，阅读的速度就这样被降低了。

每个人能够集中注意力的时间都是不同的，经过科学家的研究表明，成年人高度集中注意力的平均时间，大约只有 15 分钟。而在漫长的阅读过程中，仅仅 15 分钟的时间显然是不够的。需要指出的是，人的注意力会像波浪一样起伏，在集中与分散之间来回切换。因此，如何把握自己的注意力，提高自己的阅读成果，就是阅读过程当中的一大重要事项。

之前已经介绍了一个记录关键词的方法，这一方法在某种程度上，也是为了使读者能够更好地集中自己的注意力。但除此之外，还有许多阅读技巧都是针对读者的注意力而开发，这些在之后的章节中会一一介绍。

不要被傲慢与偏见主宰

当我们走进图书馆的时候，会发现琳琅满目的书，按照内容、形式、体裁和用途的不同，这些书被分为好几大类。尽管这些书都对增长智慧有着很大的作用，但却没有多少人能够一一浏览。很多时候，出于读者个人的喜好，他们会避开其中一部分书籍。这种偏见一旦延续到了阅读过程当中，就会使阅读理解的效果大打折扣。

13

在中国古代的私塾当中，有一种非常经典的教学方式——速读。对于价值观念多元化的现代人而言，这种方法仍然有着不可忽视的意义。所谓速读就是任何人在看书的时候，都应该将自己的大脑置于空无一物的境界，对书中的观点不带任何偏见。同时，也不要拿其他知识来限制自己对书中道理的理解，更不要带入任何一种价值观。

我们看或者不看，书中的道理就在那里，之所以会读出来一百个哈姆雷特，只是因为读者各自的心态不同罢了。

英国著名作家弗吉尼亚·伍尔芙的一句名言，或许可以作为提示："不要向作者发号施令，而要设法变成作者本人，做他的同伴。"只有抛开一家之言、一己之见，全身心地投入到对书本观点的了解、理解当中，才能让阅读的意义更加凸显。

很难想象，如果我们带着极不情愿、极度反感的心情去翻开一本书，怎么能够从书本中获取到自己所要的信息呢？尤其是在现实生活与工作中，很多时候，我们都不得不把手伸向那些与个人兴趣并不重叠的书目。唯有摒弃了偏见，对书中的每一个文字、每一个小句都发自内心地诚恳翻阅，才能从密密麻麻的文字当中，准确地抓住对自己有利的资讯。

上升到理解的高度就更是如此。任何一位读者想要真正地了解书本主旨，首先要了解自己的阅读心态。不同的心态会使自己的理解驶向不同方向，但作者的本意才是正确的航行目的。一旦将个人的成见带入书本中，想要准确寻找作者隐藏在文字下的意图，就更加的困难。

一无所得，开卷何用

也许有人会把阅读看作是一个消遣，但没有任何收获的消遣，显然是对书本的一种浪费。宋太宗赵光义曾经说过"开卷有益"，对于所有读者来说，我们或许可以这样要求：开卷求益。

在阅读过程当中持续保持注意力，是有的读者无法完成的事情，但做不到这一点，就意味着我们无法有效做到"求益"。阅读的本质在于对信息的择取，如果连第一阶段的工作都不能顺利实施，阅读的意义也就无法体现了。

从深入理解的角度而言，每一本书的内容虽然纷繁复杂，但其中字字如金、句句经典的书籍并不多。大多数情况下，只要我们阅读过后，能够记住书中的一句话、一个道理，能让我们的思想观点或思维方式有一丁点的补充、改变，这本书的阅读价值也就得到了体现。最可怕的是读书破万卷，事后却对书中的道理一无所得，甚至连半点有用的信息都没有得到。

造成这种情况的原因很多。一方面，由于读者的个人心态问题，往往在翻开一本书的时候，无用之读的基调就已经建立起来了。不论是对书本的偏见也好、满不在乎也罢，这种消极、抵触心态下的阅读，都是一种极大的浪费。

另一个方面的原因是书本的选择问题。有人把当今的阅读方式称为快餐式阅读，这不是没有理由的。许多人在选择书本的时候，都避开了那些真正有益于身心健康、需要投入大量精力去思考阅读的书籍，而是选择那些内容浮浅、激愤世俗的书。对于缓解压力而言，这样的书籍或许有用，但实质上，这样的书籍却是对人的精神的巨大腐蚀。

有一句话叫作"带着问题去阅读"，在翻开书本之前，我们不妨先问问自己，从眼前的这本书中，是否真的能够得到自己想要的信息？手中的这本书，是否真的有益于自己的身心健康？如果这两

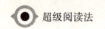

个问题的答案是否定的，我们就应该选择放下。

全面阅读才能获取全面的信息

对于习惯了快餐式阅读的人来说，细致入微的全面阅读显然也是一项艰巨的任务。大部分快餐读物的内容和道理都是摆在明面上的，读者不需要走心就能够直观地看出。但当自己的阅读带有更多目的性时，这种浅显的阅读方式就必须转变。

从获取信息的角度来看，即便一本书中拥有自己所需要的资讯，通常也都会被海量的文字信息所覆盖，广泛地分散在书中的各个角落。很多时候，获取信息本身就是一个初步整理信息的过程。在整理信息之前，首先必须保证自己得到的信息足够完备。而且，任何一本书的作者，都是沿着一定的框架来设计书本的内容，在全面阅读的基础之上去获取信息，所得的信息也就不会那么分散，而是相对较成体系的。

从创造信息的阅读阶段来看，全盘的阅读更是理解书本的必经之路。要想真正理解一本书，就必须明白作者所要表达的主旨。通常情况下，为了更好地阐述自己的观点，作者必须借助更多的文字，围绕着自己的核心观点向四周发散。唯有透过这重重的文字关卡，真正的答案才会浮现出来。

尽管从一本书的章节目录之中，我们就可以找到所需要的信息，但这种情形通常只适用于初步的信息获取。要想深入地了解作者意图，就不能漏过书本中的每一个字、每一句话。我们在学校课堂上都曾被要求"找出每一个段落的主旨句"，通常，这项任务有一个百试百灵的小窍门：关键句不是在段首，就是在段末。然而当读者手中的书比课本教材高级的时候，主旨会更加隐蔽。这种小聪明很难再派上用场，读者们必须打起精神，像猎人一样在字句之间仔细搜捕，才能找到那个闪烁着智慧的句子，从中提炼出作者的意图，进而做到理解。

全面阅读还有一项好处，就是了解作者的思考方式。很多时候，章节目录虽然能够概括一位作者的观点，却不能为读者展现他的思考路径。如果不能知晓这一点，就算知晓了他的观点，也称不上是理解。不同的思维方式蕴藏着不同的智慧，比起了解观点，了解这些智慧是更加可贵的。

因此，任何一位读者面对手中的书本，都应该有足够重视的态度。即使是那些看起来并不怎么吸引自己的文字，也许就会是开启智慧之门的钥匙。错过这些文字，入宝山却空手而归的故事就很有可能上演。尤其是面对那些名家著述，就更该收敛起小觑之心，拿出自己的耐性，一一地读过去。

效率第一，速度第二

我们从事任何一项工作都需要注重效率，阅读也一样。许多读者，尽管他们表现得像是一个嗜读书本的人，但阅读的效率却并不突出。这在很大程度上是读书的方式出了问题。

通常情况下，说起读书效率不高，人们都会想到的原因就是看得太慢。确实，在阅读过程中有一种极为普遍的逗留现象：阅读者在移动自己的眼睛时，经常会忽略一些字句，只有在眼睛停下来的时候，他们才会真正注意到。每阅读一行文字的时候，他们只能跳着看到一句话中的几个字，以至于在眼睛已经跨过了好几行之后，他们又不得不倒回原先看过的地方——大部分人在看书的时候都会出现这种情况，没有人能够否认他们为此浪费了多少宝贵的时间。

　　造成这一现象的原因有很多，但说到底，这其实就是一种注意力不够集中的表现。根据研究分析表明，尽管我们的眼睛会漏掉一些文字，但大脑的信息处理能力却还绰绰有余。因此，关键的解决之道就在于集中自己的全部精神去阅读，避免逗留现象的产生。其中，有一个方法是最为便捷也最为实用的。

　　在决定翻开一本书阅读的时候，我们可以先将自己的拇指、食指和中指捏在一起，点在自己所要开始阅读的那一行字上，并且稍微快速一点地移动下去。在移动的过程中，眼睛也要始终跟着手指一起移动，用这种近乎强迫的方式来要求自己，跟着手指的方向将每个字都映入自己的眼帘之中。当我们能够做到将所有文字尽收眼底之时，就可以再提升一下自己的速度了。经过这种训练，至少可以将我们的阅读速度提高两到三倍，这样一来，效率与以往自然不可同日而语。

　　还有一种造成效率低下的原因，就是读书太快。一目十行的读书速度，是很多人都满心羡慕的，但其结果同样会造成逗留现象。除了逗留现象以外，最突出的一个表现就是视若无睹。虽然明明白白地将这些字都映入了眼中，脑海中却没有任何的印象。到头来，书读得再多再快，也只是文字眼中过，心中无一获。

　　这是很多人都会出现的一种阅读障碍，其原因也有很多。比如，大部分读者都没有经受过专门的阅读训练，阅读能力还只停留在基本的阶段；又比如，由于经常阅读快餐式文学，有些读者已经养成了一晃而过的习惯，在面对任何文字的时候，都会自动过滤掉那些平淡无奇之处。然而，那些好书与快餐文学终究不是同类，需要静下心来慢慢品读。

　　因此，对于那些已经习惯了走马观花式阅读的人来说，停下眼睛，让思绪跟上，就是最根本的阅读态度了。要让阅读真正成为一件有意义的事情，就必须立足于文字去寻找意义。步子放慢才能走得更稳，细嚼慢咽本就是一种值得提倡的阅读方式。

功利熏心，不辨书中真意

"书中自有黄金屋，书中自有颜如玉"这是古代读书人最为常见的功利心态。在阅读的过程当中，要尽可能地避免一些功利之心，避免使阅读沦为肤浅的识字看字之举。

抱持着功利之心去阅读的人，难免会在面对文字甚至书本的时候生出盲目的取舍之别，最常见的就是依照有用、无用来进行选择。事实上，对于一本书来说，任何一个段落都有可能蕴含着深刻的意义。太过执着于当下之用的阅读模式，结果只能是割裂书本的内容，读者从书中获取到的，也只能是零散、破碎的信息与知识。

功利性的阅读有一个很明显的特点：浅尝辄止、不加深究。一本书中的信息，通常都会零散分布在文字表层和内部，如果在阅读过程中，只注意最浅显的知识点，就会错过大量有助于更好理解的信息。事实上，如果让我们试着在别人读完一本书后向他们提问，就会发现其中的许多人，对书本内容的掌握都是极为有限的。造成这一问题的缘由，往往就是因为他们的阅读之心少了一份应有的恬淡。

做任何一件事情之前都要明确自己的心意，只有这样才能保证全神贯注地投入。书本最是需要人细细品味，如果不能摒弃自己的功利之心，就很难彻底融入书中的世界。而这恰恰是常人理解书本的重大阻碍。

阅读一本书，是为了理解一本书；理解一本书，是为了获得某种智慧。比起获得某种短期间内所需的信息，这种智慧的获得显得更加宝贵。怀抱着功利之心去阅读与带着恬淡的心走入书中世界，最终的结果也会天差地别。

在封建时代，人们读书的目标大多只有一个，考试当官。为了实现这一目标，人们也变得"聪明"起来。由于科考所选取的只是儒家经典当中的一部分内容，人们便把全部的精力都放在了对这些内容的反复琢磨上，而对其他内容一概摒弃。

但明代王阳明却是一个例外。尽管自己天资绝伦、过目不忘，王阳明却对读书做官没有什么兴趣。在京师读书期间，王阳明曾经问塾师：天地间什么事情最重要？塾师回答说是读书登第。然而王阳明却表示反对，并提出读书应当立志于"学圣贤耳"。

因此，王阳明在与同族子弟读书的时候，表现出了截然相反的读书态度。别的子弟都死抱着写有考试内容的书不放，而王阳明却把精力放到了对所有儒家经典的学习当中。白天是这样，晚上也同样如此。这在一定程度上导致了他先后两次考试不中，但最终，凭借着对儒家经典的不懈钻研与整体把握，王阳明终于取得了比世俗成功更为伟大的成就。

当然，王阳明的成就对于大部分人来说，显得有些遥不可及，但他那种读书态度，却值得每一位阅读者采纳。只有保持最为平静的心态，才能尽可能地从文山字海当中，寻找到自己所需要的信息，领略书本当中的智慧。

有个别读者在阅读的时候，会涌现出各种功利心态，比如只重读书数量，希望以此自我夸耀；又或者希望从书中得到一些新奇的观点，在别人面前侃侃而谈……他们从书本中获得的，只是极为有限的知识，甚至于根本一无所获。无论如何，这种心态都要坚决摒弃。

主动翻开书本，效果更佳

有效果的阅读才是最可取的阅读，而主动的阅读比起被动的接受，更加有助于我们从书本中获取信息，理解全书的内涵。

在《如何阅读一本书》中，作者将书本当中的资讯和信息比作棒球，而把阅读者比作接球手。在运动场上，一个善于主动接球的运动员，比起被动等待攻击的运动员自然要高明无数倍，胜利的可能性也高出许多。因此，每一位阅读者都要有志于做那名主动出击的接球手。

有一种说法叫作"主动的阅读才是会阅读"，对于任何一位阅读者来说，这句话都是不可或忘的读书心法。很多时候，读书读得好除了天分与刻苦的因素之外，一个最大的原因就是心态的不同。

从心理活动的角度来看，当一个人满怀热情地去完成一件事情时，他的精神必然会处于亢奋的状态。这一状态之下，人的脑细胞都在高速运转，思维的活跃度也会更高，阅读效果也会更加明显。而且，主动往往意味着兴趣，兴趣的力量是不言自明的。

张曜是清代咸丰年间，一位出身行伍的将官，由于立下军功，最初皇帝想任命他为河南布政使。但由于他自幼失学，没有多少文化，常受朝臣歧视，御使刘毓楠说他"目不识丁"，最后改任为总兵。张曜从此立志要好好读书。张曜的妻子很有文化，于是张曜回家之后，便请求妻子教他念书。妻子说：要教是可以的，但有一个条件，就是要行拜师之礼，恭恭敬敬地学。张曜当即答应下来，并马上穿起朝服，让妻子坐在孔子牌位前，对她行三拜九叩之礼。从此以后，凡公余时间，都由妻子教他读经史。每当妻子一摆老师的架子，他就躬身肃立听训，不敢稍有不敬。与此同时，他还请人刻了一方"目不识丁"的印章，经常佩在身上自警。几年之后，张曜终于成为一个有学问的人。后来，他在山东做巡抚时，又有人参他"目不识丁"。他就上书请皇上面试，面试成绩使皇上和许多大臣都大为惊奇。因为他勤奋好学，死后皇帝谥他为"勤果"。

对于一个人来说，书本的文字可以很无聊，同样也可以十分有趣。在这无聊与有趣之间，关键是要找到自己的兴趣。这样，才能使自己的阅读变得更加主动，效果更加令人满意。

要激发自己的阅读兴趣，既可以从书本的内容入手，也可以从书本的类别入手。有的书虽然较为枯燥，但其中却有一部分是自己感兴趣的，我们可以试着先了解那部分吸引自己的内容，接着探寻整本书中，是否还有其他可以满足自己阅读兴趣的地方；如果是对某本书所属分类的书目都没有什么兴趣，那也可以先放过去，选择符合自己阅读需求的书。关键是，这种阅读的主动性要保持住。

还有一种激发自己阅读兴趣的做法，利用外在的环境。每个人都会受到周边环境的影响，就像我们很难想象出一个整天泡在网咖的人，会对户外运动产生浓厚的兴趣一样。为了让自己有主动阅读的想法，我们可以选择去那些环境氛围比较轻松、书卷气息比较浓厚的地方，比如图书馆。当自己身边所存、眼中所见都只剩下埋头苦读的人之时，我们即使是随便翻开一本书，都有可能会读得津津有味，无比陶醉。

掌握一定的方法，高效阅读不在话下

阅读有着如此之多的条条框框，恐怕要颠覆部分人的三观了。事实上，阅读从来不是什么简单的事情。如果说阅读可以很简单，

那接下来的一句也必然是"只要掌握了一定的方法"。

现实当中，许多阅读者都会遇到这样的尴尬：明明在某本书中看到过某个观点，但偏偏就是想不起来是哪本书；明明才看过没多久，但翻开书却发现其中有相当一部分自己感觉到陌生的篇幅；尽管每天都一头扎进了书本中，但似乎又没有任何的收获；尽管记住了书中的某个道理，却又没办法准确地向人描述……其实，这些问题都是阅读过程中不注意方式方法所引起的。

阅读并不是只有翻开书、合上书这两个步骤，也需要书本以外的前奏与结尾，以及贯穿于其中的阅读方法。关于这些方法，我们会在之后的章节当中一一列举，在这里，我们先来为所有读者介绍一种整体把握的方法。

有一个著名的万能法则叫作"2W1H"（Why、What、How），对于阅读者来说，这也是一项极其有利于阅读准备的法则。Why就是"为什么"，What就是"是什么"，而How，自然就是"怎么做"了。

其中，"Why"就是"为什么要阅读"，这一问题主要是要求阅读者在翻开书本之前，首先思考几个重要的问题：我阅读的目的是什么？我需要从阅读中获取什么？想通了这些问题，就能够带着清晰的大脑进入书本的世界当中，准确地找到自己的目标。

"What"就是"我看到的是什么"，这一问题主要是提醒阅读者要有思辨的能力，不要沉迷在文海之中，准确地把握书中的内容。如果对所有信息都不加分辨地全盘接受，只会造成自己的大脑混乱。

"How"就是"怎么阅读"的问题，这一问题也是整个阅读过程当中的重头戏。阅读可以分为好几个步骤，每一个步骤既有着宏观的、原则性的要求，又有着具体的、可操作的技巧。只有兼顾这些要求与技巧，阅读才会更省力气。

或许在一部分人看来，这样的阅读方式太过烦琐，也会失去阅读的兴趣。但事实上，如果真的采纳就会发现，这些思考和准备工作，其实并没有花费我们太多的时间。而且，很多时候，兴趣是在阅读的过程当中逐步产生的，与掌握一定的方法技巧并不冲突。甚至于我们可以这样说，掌握了方法的阅读更加省事儿；唯有更加省事儿的阅读，才能给读者带来更多的乐趣。

我们首先要确信一点：方法，让阅读更加美妙，而非更加糟糕。我们也很难想象，一个真正热爱阅读，追求有效率的阅读的读者，会将有助于提升自己阅读能力的方法拒之门外。如果我们在阅读前就已经失去了部分耐心，在接下来的阅读过程中，这份耐心也会不断损耗，最终的结果就是我们无奈地合上书本，长叹一口气，将它丢在一旁不再过问。

为了尽可能地避免这种事情出现在人们身上，许多学者们经过反复研究，最终发明了许多行之有效的方法，比如当今世界最为风靡的速读法，以及带着一定的问题去阅读的寻读法、根据已知来推测未知的猜读法……当然，在有效运用其中的一部分方法之前，阅读者们最好还是先进行一些其他的小训练。

在接下来的篇幅当中，我们将会为所有读者尽可能地介绍在阅读中被人们广泛使用的方法，以及一些轻松就可以完成的小训练。这也是本书的重点所在。每个人阅读习惯不同，对于这些方法，需要每一位阅读者根据实际情况进行选择。但有一点可以确信，一个好的方法，可以改变、纠正一个人的阅读习惯，使阅读者得到更加巨大的收获。

第二章
速读，全新的阅读体验

　　尽管古老的纸质阅读至今仍然有着极为重要的意义，但我们不得不承认，在信息爆炸的网络时代，如果仅是保持以往的阅读速度，根本无法在有限的时间内，及时获取我们所需要的信息。

　　这并不是危言耸听，而是一个极为迫切的现实问题。事实上，不断加快的生活、工作节奏，也确实不允许我们那么安逸地阅读了。这就引出了一个重要的名词——速读。速读可以说是在当今信息爆炸的时代背景下，应运而生的一种产物，也是阅读与时代结合的必然结果。

　　虽然速读就是快速阅读，但如果仅仅是从速度方面考虑，就很容易形成以偏概全的印象。事实上，速读绝不是眼珠转得快一点就可以实现的，而是需要眼脑配合，并且以一种全新的浏览体验来取代传统阅读。因此，想要掌握速读，就一定要明确速读与传统阅读的区别何在，以及它的独特优势所在。

第一节　何为快速阅读法

速读的起源和发展

作为一种被证明极其有效的阅读方法，速读早在 20 世纪初的时候便已经出现，其发源地是美国。当时的美国受到经济巨浪和文化巨浪的冲击，社会生活节奏明显加快。当时的美国文化界发展繁荣，各种出版读物如雨后春笋一般地冒了出来。美国人的热爱读书是出了名的，但在如此海量的书籍面前，传统的阅读模式让他们也有些招架不住。偏偏生活节奏的加快，又迫使他们不得不想尽一切办法来提高自己的阅读效率。

尽管人们一直都在努力探索，但却始终不能取得突破性的进展。就在这个时候，美国空军的心理学家和教育学家有了意外的发现。

为了训练飞行员对各种飞机的识别能力，他们发明了一种叫作速视仪的装置。通过对飞行员的测验，这些学者们发现，当小得像一个斑点似的飞机图像在屏幕上以 1/500 秒的速度显现时，即便是经过训练的普通人也完全可以成功辨别。这一发现传到阅读学家的耳中，他们敏锐地意识到：改变人类阅读模式的契机就此出现了。

在接下来的研究当中，阅读学家们也同样采用了速视仪这一装备，并且惊喜地发现：当逐渐缩小字母尺寸和缩短显现时间，直到屏幕上同时显现出四个非常小的字母而显现时间只有 1/500 秒时，就相当于是 2 万个单词；而当时的美国人，平均阅读速度只有 200字/分钟，仅仅只占到了 1%！于是他们认定，人类在阅读方面，远远有着尚未开发的巨大潜力。

二战结束之后，快速阅读正式进入了推广阶段。哈佛大学率先在校内开办了快速阅读的训练班，并成功地带动了整个教育界。随后，快速阅读走进了美国 80% 以上高校学生的课本。就连许多中小学校，都把快速阅读列入了学生必修课程，希望能够使学生尽早掌握这种高效率的学习方法和工作方法。

紧接着，欧洲一些国家也开始注意到了，速读与不断加快的生活节奏之间有着彼此适应的基础。于是，一些高等院校，如英国的剑桥大学，在对哈佛大学的课程进行改进的基础上，推出了电影教学的方式，以控制银幕上阅读材料显示时间的方法，来实现更为有效的培训。这一方法也使速读得到了更加广泛的推广。

法国对于速读的重视，丝毫不比英国逊色。1966 年，法国在巴黎成立了国际速读协会，组织了一大批学者，从语言学、生理学、心理学、哲学和社会学等诸多角度，对速读进行了全面的探索、研究。就在同一年，法国还推出了《快速阅读课本》这一教材。到了后来，法国对速读的重视程度愈发提高，到了 20 世纪 70 年代的时候，干脆为之开辟了一门独立的学科。

除此之外，在苏联、韩国、中国、日本等国家，速读也开始逐渐走入人们的眼帘，许多有识的教育界人士都纷纷站出来，呼吁人们重视这一新兴的、强大的阅读方法。尤其是在日本，速读协会还特意设置了类似围棋那样的段位标准，更打出了"提倡快速阅读法是时代潮流"的口号。

身处信息爆炸的当今时代，速读这一经典的阅读方法不但不会过时，在不远的将来更会成为人人都必须掌握的一项基本技能。在掌握这一项技能之前，我们首先必须要对速读和传统阅读的不同有起码的了解，并且掌握速读的一些基本知识。接下来，我们就会重点讲解这部分的内容。

传统阅读 VS 速读

如果仅仅从字面意义上来看的话，速读无非就是快速的阅读了。然而，之前我们已经提到，有很多人虽然阅读速度快，效率却十分低下的问题。那么我们是否可以说，所谓的速读其实并没有什么神奇之处呢？这种观点并不正确。

很多人对速读的疑虑并非空穴来风，而是有着现实的顾虑。毕竟，那么多走马观花的例子摆在那里，不尽如人意的结果也是有目共睹。事实上，速读虽然看似简单，其间却蕴含着深奥的科学原理，与走马观花式的阅读根本就不是一回事。

当我们观看影视作品或者带有优美插画的作品时，我们从作品中所能获取到的信息，以及对信息的理解程度，通常都会高于对单纯文字信息的记忆以及理解——不要认为这是纯文字过于枯燥的原因，尽管某种程度上也确实如此。但更为关键的是，我们大脑本身的分工就是如此。

根据科学研究表明，在日常的生活当中，我们的左右大脑分别负责处理一部分的信息，其中，左脑主要负责处理文字、数字、逻辑等非形象化的信息，而右脑却是负责处理图像、图形等信息。在传统的阅读模式中，我们其实更多的是使用了左脑。

传统的阅读之所以速度较慢，是因为阅读流程相对较多。尽管我们经常会提到读书、看书，但事实上，读书与看书却有着完全不同的内涵。

恐怕没有多少人能够想到，在传统的阅读模式当中，我们不仅要用到视觉中枢，甚至还要用到听觉中枢。尽管乍一看显得有些不可思议，但事实上，这正是读书之所以叫作读书的原因。

传统的阅读模式是这样的：首先，在阅读的时候，书面的文字信息会对眼睛产生光学刺激；紧接着，视网膜又把这种物理过程转化为神经活动的生物过程，传送到大脑的视觉中枢；经过视觉中枢的处理，再把信息传达到语言中枢；语言中枢再传递到听觉中枢，最后由听觉中枢传输到记忆中枢。因此，我们可以形象地说，传统的阅读其实是一个自己读给自己听的过程，而非是看的过程。

如果让我们用一个简单的公式来说明，传统的阅读模式就是：眼睛—视觉中枢—语言中枢—听觉中枢—理解记忆。这一流程显然是太过烦琐了。在社会各行各业都提出"精简流程、提高效率"这一口号的背景下，我们对于自己的阅读方式，也要有大胆改革的精神。而速读正是最佳的改变策略。

速读之所以能够风靡世界，成为许多专家学者们倾力推荐的一种阅读方式，与其自身的巨大优势密切相关。为了说明这一点，我们可以将之与传统阅读做一个小小的对比。

也许有一部分读者已经注意到了，在传统阅读的时候，尽管我们的喉咙未必发声，但我们的心也一定在默默诵读。然而速读却要求我们不要走心。速读的流程跳过了语言中枢、听觉中枢，可以简单概括为另一个公式：眼睛—视觉中枢—理解记忆。

在这一流程当中，阅读者只需要使用视觉，就可以完成对一段文本信息的处理。之前我们已经提到，人的左右大脑各有分工，其中，右脑更偏向于处理图像信息。速读的要义就在于，把一段文本信息以图像的形式而非文字的形式进行扫描，然后录入右脑，由右脑进行解析。因此，我们也可以说，传统阅读与速读的区别就在于使用左右脑的不同。

需要指出的是，速度并不意味着彻底抛开左脑不用，在后续的信息理解当中，左脑与右脑会同步启动，交互处理信息。这也是速读更为高效的一个原因。

因此，我们很容易就能看出，速读既与走马观花式的草率阅读不同，也并非什么高深莫测的方法，而是一件极为简单、每个人都可以试着去做到的事情。更重要的是，比起传统阅读，速读更加符合当今时代人们的阅读需求，也更加值得人们去采纳。当然，这一番话也许并不足以打消人们的疑虑，对于速读的巨大优势，我们还需要加以充分的介绍。

速读究竟好在哪里

速读之所以能够成为备受推崇的阅读方法，是因为其实际效果显著。速读的显著实效并非是偶然诞生的，而是有着深刻的生理学原理。

我们已经知道，阅读的过程中，人们不仅要动用自己的视觉，更要动用自己的大脑。甚至我们可以说，在一次有效的阅读当中，大脑是否能够有效地运转，直接关乎着阅读的实际成效。而速读恰恰可以保证这一点。

在我们思考的时候，即使我们并没有发出真实的声音，但我们的言语运动中枢也依然在向大脑输送信息，促使大脑做出思考，这就是所谓的"心声""独白""画外音"。这种思维方式也被称为内部语言思维。每个人的思维运转都十分的快速，尤其是使用内部语言思维的时候，每一个念头更是一闪即逝，表现出很高的跳跃性。在传统的阅读模式中，人们必须逐字逐句地去阅读，根本无法实现视觉与思维速度的协调统一，可以说是对大脑思维能力的一种浪费。而速读恰好可以填补传统阅读的这一弊病。

速读的第二个好处在于，宏观的视角更加有助于理解。很多人在进入传统阅读模式以后，都会出现这样的问题：在看到下一个字句的时候，总是要经过少许的时间，才能将这部分内容与之前的内容相联系，真正做到理解其含义。一方面，这是因为传统阅读的速度较慢，导致眼睛无法向大脑提供足够的可解读内容；另一方面，专注于一字一句的阅读，很容易就会割裂一个完整的内容。而在速读的过程当中，整整一段乃至一页的文字都会通过视觉进行格式转换，被压缩成图像发送到大脑之中。这不仅能够跟得上高速运转的大脑思维，更有助于读者对书本内容形成统一的概念，进行整体的把握。

速读的第三个好处在于，左右脑的协调运用使得阅读的效率提高。传统的阅读模式当中，所有的信息都一股脑丢给了左脑，右脑几乎处于被冷落的状态。而当我们使用速读方法的时候，所有的文本都被压缩成图片发送到了右脑之中，然后由右脑做出解压、梳理，以文字的形式连通左脑，交由左脑进行整理。这样不仅提高了用脑的效率，也让大脑工作的疲劳度得以缓解。

因此，在所有的阅读方法中，速读是一种既可以大幅提高阅读速度，又能提高理解记忆效果，同时还能获得更好的理解度的最佳阅读方式。事实上，许多名人就精擅速读之道，比如鲁迅、苏步青。

很多人会把那些能够考上重点大学的学生看作是天资聪颖的天之骄子，我们发现：只要掌握一定的方法，我们的学业同样可以进展迅速。不仅仅是在学习当中，在工作的时候，一个有效的阅读方法，同样可以起到很大的帮助作用。

当今世界，速读这一阅读法门在全球各国都十分流行，许多人也都凭借着速读，为自己开辟了全新的人生。因此，无论如何，我们对于速读都应当收起小觑之心，试着去了解它、接受它，更重要的是去运用它。当然，在运用速读这一方法之前，我们应该继续做一些深入的了解，比如，在速读之前，我们需要注意哪些事项？

速读之前，首先睁大我们的双眼

也许很多人会认为，只要尽可能地提高自己的浏览速度，就可以实现有效的速读了。事实上，这种想法是极其荒谬的。

不论采用哪一种阅读方法，视觉都是最基本的阅读前提。速读也好、猜读也罢，首先，我们的眼睛都必须与书面的文字信息进行互动，然后才能进一步传送到大脑之中。因此，我们可以这样说，视觉，是一切阅读的开始，也是决定阅读效率的先决条件。为此，我们必须充分重视眼睛在速读当中不可替代的作用。

在之前我们曾经提到过一种常人最容易犯的阅读错误——逗留。但在这里我们需要指出的是，逗留并不能完全归结于个人注意力的问题。根据科学研究表明，人在进行阅读的时候，眼球也在进行着一场动静结合的高强度运动，与欣赏字画、美景，又或者观看影视资料完全不同。只要进入阅读的状态，人的眼球就必须随着文本信息不停地位移。

而且，这种位移往往并不如人们所想的那样逐字逐句，而是带有跳跃性的阅读——这就是为什么我们的阅读经常会需要逗留，甚至在翻完某本书后，会对其中的些许章节无比陌生——因为在我们一开始阅读的时候，就已经跳过了这些内容。

　　早在 1906 年之前，法国著名的眼科专家儒伐尔就注意到，人在阅读的时候，眼球是处于忽停忽跳的状态，这种现象被称为眼跳。之所以停，是为了看清楚书面之上的文本信息；之所以跳，是为了保证阅读的正常进行。事实上，这两者的转换过程极其短暂，根据研究分析的数据显示，在一次阅读的过程当中，眼跳持续时间为 0.02～0.05 秒，其中，在一行之内的眼跳时间约 0.02 秒。换言之，在大约 95％的阅读时间里，人的眼球都处于不动的状态。只有在眼球处于不动状态的时间段里，人的大脑才能够有效接收来自书本的信息。因此，在进行速读的时候，读者一定要明确书中的重点，充分把握眼球跳跃的每一个时间点，保证自己的目光始终不脱离文本当中最为至关重要的那部分信息。

　　出于各种原因（如初次阅读、文字不同、语言风格等），我们的眼球在阅读的过程中，会遇到各种逗留、倒退，这些现象也会出现得更加频繁。毫无疑问这些都会成为速读的障碍。因此，在进行速读的过程当中，我们要对这些现象尽可能地加以避免。这样，速读才会成为有效率的阅读。

　　除此之外，速读对于读者的视觉还提出了另一个要求。之前我们已经介绍过了，速读有一项有助于提升理解的优点，关键就在于其宏观的视角。在进行速读之前，每一位阅读者也都应该牢牢记住宏观两个字，尽可能地将所有文字纳入眼帘。

　　根据生物学家的分析表明，在人的每只眼球当中，都包含有15000 万个独立的光感受器，这些光感受器每秒可以处理亿万个光子。因此，眼睛的视觉能力其实远远超乎我们的想象。虽然速读对于人的视力也有一定的要求，但是不必灰心，即便是那些患有远视、近视甚至散光的人群，他们的速读能力也基本具备，阅读的效

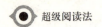

果最终仍然取决于他们是否将自己的视觉用到了极致。

有一个名词叫作视觉广度，指的是个人所能看到的视觉范围的大小。就以书本文字为例，我们经常可以听到别人说，某某人读书特别快，一目十行；也可以发现有的人看书慢吞吞的，永远都是一副特别费劲儿的样子。这在很大程度上不是天资高低导致的，而是视觉广度的差异所致。

在传统的阅读模式当中，我们所采用的是逐字阅读的方法，这不仅使眼球无法跟上飞速跳跃的大脑，也使得本来隶属于整体的文字被割裂开来，造成了理解上的断层。因此，千万不要把速读狭义地理解为从每一个字之间快速掠过，而是要扩大自己的视觉范围，让更多的句子走入我们的双眼。

根据研究表明，平常人每分钟大概可以阅读150～250字左右，但是经过系统的阅读训练，这一数字完全可以提高到每分钟2000字以上。按照这样的速度估算，就算要在一小时内读完200页的书，也并非不可能。

扩大视觉范围，并不是要求我们真正睁大自己的双眼，而是要我们把目光更好地集中在文本信息当中。其中有一个非常重要的小窍门，就是在阅读的过程当中，要学会变字为词，变字为句。尽管每本书都是由一个个独立的字构成，但当这些字聚集在一起的时候，它们就必然会与其他字眼相互组合，组成一个全新的概念。当我们试着以词组、短句，而非文字作为自己的阅读起点时，就可以省下一部分当前思考、理解的精力，把这些信息全盘丢给大脑去处理。

因此，速读的视觉要求形象地说只有两个字：快、大。两者相比，后者的作用相对更加显著。但为了保证速读的效率，最好是同时做到这两方面的要求。这样一来，我们不仅能够凭借着强大的感知能力更加快速地浏览信息，还能够在阅读的过程中，进行最基本的思考理解。做到这一步，我们才可以说是做到了速读当中最为基本的要求。

让大脑随速读运转

如果说视觉是速读的第一道坎儿，那大脑就是第二道门了。通过之前的介绍我们已经得知，速读不仅不是不走心、不动脑的扫描文字，反而对用脑提出了更高的要求。在传统的阅读模式当中，我们只需要动用到一半的头脑，但现在，我们必须催促左右脑同时、全面、高效地运转。

阅读与思考总是紧密相关，因此，大脑在速读过程当中所扮演的角色，其重要性并不会比视觉差多少。对于任何一位阅读者来说，没有大脑与眼球的分工协作，最基本的阅读都无法正常进行。

人脑的构成非常复杂，分为大脑、小脑、间脑、中脑、延髓等部分，阅读当中所要动用到的视觉中枢、听觉中枢、语言中枢，就分别分布在大脑的不同位置上。通过眼球被我们所浏览到的任何文字信息，只有通过这些中枢的协力合作，才能转变为我们所需要的记忆和理解。

根据一些既有的生理学知识我们可以得知，人体的一侧肢体受对侧大脑半球支配，对于一侧肢体的运用，反过来也可以开发对侧的大脑。在人类社会当中，对于右手的运用是最为普遍的，因此人们的左脑总是会比右脑更为发达。但现在我们也知道，想要更加精纯地掌握速读这一方法，就必须让自己的右脑也动起来。

事实上，我们也不需要担心诸如"右脑缺乏锻炼，会不会影响速读"这样的问题，如果怀疑，只能说我们对自己的大脑缺乏起码的自信。速读能够成为最为流行的一种阅读方法，本身就宣告了人脑的胜利。而这也正是速读的思维基础所在。

速读的实现不仅要依赖于各大中枢的协同合作，更是要依赖于左右脑的协同合作。具体来说，在一般情况下，人的左脑主要负责逻辑、计算、语言处理和分析等事务，也就是说，在阅读一事当中，听、说、读、写一类的功能是左脑更加擅长的；而人的右脑则具有高度的图形识别、记忆能力，尤其适合处理各种信息。通过速读的方式，由右脑来接受、处理那部分视觉性的信息，再将这些信息转换为左脑更加擅长处理的意义性信息，并通过左右脑的连接，将这部分信息转交由左脑负责。通过这种双管齐下的做法，就可以充分动用整个大脑来完成高效的速读。

或许有人会怀疑，左右脑的区别是否真的有那么大，或者说，右脑是否真的值得我们这样重视。对此，不妨让我们对右脑的能力进行进一步的说明。

现代生理学表明，主管形象思维的右脑在处理复杂关系方面，要远远超过左脑。尽管在信息的储存量上并没有高低之分，但右脑当中却储存着更为重要的信息。经过研究发现，人的左脑主要储存出生以后获得的信息，而右脑则是储存从祖先继承下来的信息。而且，储存在左脑当中的那部分信息，通常只可以持续30年到50年；而右脑所保留的信息足可跨越500万年！虽然左右脑两者之间并没有优劣高下之分，但就信息的处理而言，右脑毫无疑问是优于左脑的。因此，在阅读中如果能够让自己的大脑充分运动——尤其是让自己的右脑得到充分利用——显然是比把所有信息都委托给左脑更加明智、更加负责，也是更加高效的做法。

我们可以说，速读法的意义就在于此。同时，为了使速读能够更加有效，我们也应该注意在生活当中对右脑的开发和锻炼。只有这样，才能让我们在信息日益爆炸的当今社会，做好最充分的应对准备，迎接海量信息的疯狂冲击。

如何让速读更加有效

在明确了速读所需要的各项准备工作之后，读者们就可以拿起身边的书本，试着开始一次全新的阅读了，相信通过速读的方法，每个人都能有更加新奇的体验。但一次高效的速读所需要的，不仅是事前的准备；速读当中也有一些基本的技巧，是每一位阅读者都必须掌握的。

第一点，切忌发声

从小在传统的课堂教育中，老师就为我们传授了大声朗诵这一阅读方法，即便是到了更高的学习阶段，仍然有很多人会把这一方法用在外语一类的学习上。就日常阅读而言，我们必须与这种方法挥别。因为对速读而言，朗诵实在是一种极为重大的阻碍。

根据科学家的研究分析表明，当使用朗诵这一阅读方法时，一个人每分钟最多只能掌握 200 字——即便是以速读的最低级别、2100 字/每分钟来做对比，这个数字也显得过于惊人。事实上，别说是速读了，就算是与朗诵相对应的默读，每分钟也能达到 800 字，足足是朗诵的 4 倍！由此可见，朗诵对于速读来说，无疑是拖后腿，甚至可以说是水火不容。因此，速读在根本上应该以默读作为基本形式，而非朗读。

其实这也很好理解，声音的传播速度，终究比不过光速。靠声音来给大脑传递信息，也终究不如用眼睛读来得快。从这个角度而言，速读也意味着用眼去读、用心去读，而非用嘴去读。

需要指出的是，并不是只要不发出声音，就可以算得上是默读。根据研究发现，许多人在读书的时候，虽然并没有发出声音，但他们的嘴唇和舌头却仍然在动，甚至于会发出一些轻微的声音。从速读的效率角度来看，这种折中的方法并没有高明多少，甚至于在阅读的实际效果上，他们与发出洪亮声音的读者并没有明显的不同。

第二点，减少注视点

在阅读任何一本书的时候，我们的眼睛都会与文字产生互动，只不过区别在于，传统阅读模式对我们的要求更加宽容。但速读则恰恰相反，它所留给我们的时间，通常都是极其有限的。为了在更短的时间内掌握更多的信息，或者说减少浏览一定信息所需要的时间，我们必须对自己的眼睛提出更加苛刻的要求。在传统的阅读方式下，我们可以充分兼顾每一个字，但在速读的时候，我们必须有所选择。之前我们曾经提到，速读的要求之一就是睁大双眼。具体来说，就是让眼球的跳动更加有效率。在一次阅读的过程中，眼球跳动的时间仅占 10%。余下的时间里，眼球都会停顿在注视点上。唯有在眼球停下来的时候，眼睛才能获取到信息并传递给大脑，注视点越少，眼球每次停下来的时候，所能获取到的信息就会相应增加。这样做的实际效果就是，不仅速读所需要用到的时间会更少，速读的效率也会得到更大幅度的提升。

第三点，缩短眼停时间

这一点比较好理解，速读的关键就在一个"速"字，所谓的"速"，自然是要求我们用最短的时间来阅读。但我们也知道，在阅读的过程当中，眼球的跳动虽然快速，却也必须要有一定的停顿时间来接收信息，这就涉及一个关于时间与效率的反比。

在速读的过程当中，如果我们的眼球始终不加任何停顿，那我们几乎就无法从书本中得到任何有用的信息——所谓走马观花式的无用之读，通常就是这样的模式；但如果眼球停顿的时间太久，无疑会增加阅读的时间成本——每多出一分，甚至是多出一秒，都是对速读这一精神的违背。很多时候，停顿的时间过长，要么是因为注意力不够集中、想象力太过发散，由书本内容联想到了其他的方面；要么就是自己对文字的敏感程度不够高，需要更多的时间来整理、确认自己阅读过的内容。

除此之外，造成停顿过久的原因还有许多。但不论原因为何，这种停顿的做法都是绝不可取的。因此，不仅是在速读的时候，在平常消遣性的阅读当中，读者也应该有意识地训练自己，让自己的眼睛更加灵活。

第四点，尽量避免倒退、回视

倒退与回视的阅读现象，之前已经有过论述，关于导致这一现象的原因，也无非是注意力不够集中、对速读缺乏自信等。很多人即使是在传统的阅读模式当中，也常常会出现回视的现象。除此之外，还有阅读当中的逗留现象——读者对文本当中的某些字句，会在阅读，也就是眼球跳动的时候忽略掉，唯有等到眼睛停顿下来，他们才会成功注意到。现在我们知道，这是一种阅读不够熟练的表现。无论如何，这都浪费了原本可以继续阅读的大量时间。

当我们速读的过程中伴随着这些问题的时候，所谓的速也就成了空谈，速读的实际效果更是无从体验。事实上，许多人都会抱怨速读的效果不甚理想，但错误其实是出在了他们自己身上。让我们试着去审查他们的所谓速读，就会发现这些问题或多或少都存在，

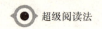

甚至于更糟糕的是，每一条都可能出现在了他们的阅读当中。对于这样糟糕的速读，我们必须明确表示否认。

以上这些，就是速读当中的一些基本技巧，或者说是注意事项更加准确。尽管看起来，这并不是什么高难度的要求，但想要在速读当中真正做好这些，却不见得有多么轻松。然而，这恰恰就是速读的基本入门，是每一位读者都必须硬着头皮去了解、把握的。

避开传统阅读模式下的禁区

传统阅读模式的影响是如此之大，以至于尽管我们一再地想要有所改变，刷新自己的阅读体验，效果却总是不尽如人意。这是因为我们在使用其他阅读方法的时候，总是以传统阅读方法作为蓝本，或者说，我们并没有脱离传统阅读的范畴。因此，我们必须慎重指出：速读，并不是对传统阅读的一种纠正、改良、填补，而是另起炉灶，用一种全新的方式来实现对各种文本信息的获取。

在传统阅读模式当中，有许多行之有效的阅读方法，可一旦我们将这些方法轻易带入到速读当中，结果很可能是两者无法兼容，互相冲突。例如之前曾经提到，大声朗诵这一传统阅读模式下的经典方法，尽管在课堂学习当中颇有佳效，但在特定的时间内，读者所能接收到的信息却相当有限。这并不难理解：阅读本来是从眼到脑的过程，而朗读的加入，就意味着读者必须在视觉和思维之外，再去运用口、耳这两大身体器官，用口发声、由耳接听，再将信息传递给大脑。朗读的加入，表面上看起来不过是增加了两个步骤，拓宽了大脑接收信息的途径，似乎是大大有利；但读者却在无形当中，付出了更多的时间成本，使速读的快速无从实现。由于需要分出一部分的精力，这样的阅读也无法长期维持，可以说既没有速度，也没有效果。

这就是速读当中，需要避开的第一个禁区。另外还有几个禁区，其中最为重要的一个就是，改变以往阅读模式当中自己眼睛的运动轨迹。

我们很容易就能够得出这样的阅读逻辑：首先，眼睛与文本信息的接触（或者说是文本信息对眼球的刺激），是阅读的第一步；其次，当今市面上主流的文字排版方式，都是将文字从左到右排列的；因此，我们的眼睛也应该沿着这一路径，从左往右依次阅读。这确实是我们从小到大，经受传统阅读模式的熏陶，所培养出来的阅读本能。然而速读的出现，却当真可以说是颠覆了我们的眼球。有许多人认为速读在实质上不过是对从左往右这一阅读顺序的速度提升，但对于这种看法，我们完全有理由驳斥。

我们之前已经提到了速读较之传统阅读的一大优势——对右脑的充分重视、开发和利用。由于右脑是以图像一类的形象记忆来接收文本信息的，因此当我们使用速读法的时候，就要有意识地训练我们的眼睛，让它们能够将文本自动生成图像、图片。在实现这一生成的过程中，我们的眼睛就必须改变以往的阅读途径。

速读的一大要点就在于拓宽视野，让自己拥有更为宏观的眼界。在速读的过程当中，我们眼中所见的也不只是一字一句，至少都是以段为单位去阅读，争取在最短的时间内，让大脑接收到更加庞大、更加完整、更加成体系的信息。这样一来，逐字逐句的顺序，显然不足以完成重任。

事实上，在速读的过程当中，读者们必须要为自己的眼睛引入一种全新的浏览模式：保持视线与书页的垂直，以从上到下的方位顺序来完成对文本的扫描。说到这一点，想必很多人首先都会想到中国古代典籍的排版。不过需要指出的是，所谓的从上到下，并不是真的要求我们，把看字的顺序改为由上到下；这一要求的含义在于，读者应当尽可能地将自己的阅读单位扩大，从整体把握的阅读意境出发，完成阅读。

第三个禁区是反复浏览。我们已经知道，倒退、逗留是经常出现在人们阅读当中的问题，其原因主要是阅读时的注意力不够集中、眼睛的扫描不够熟练所导致。但除此之外，造成这种情况的原因，还有来自我们观念上的误区。传统的阅读模式当中，理解是很重要的一环，许多人在翻开一本书的时候，都是在理解了一句话的基础之上才开始继续推动进度，因此一旦遇到文本当中那些比较深奥、晦涩的内容，自然就需要停下来再次回顾之前的文字，以此来辅助自己更快的理解。且不论这样的理解能够达到多快的程度，就速读而言，这是极其不可取的。在速读当中，理解更像是一个幕后的工作，在规定时间内尽可能地掌握信息，才是最为重要的任务。

因此，所有读者都必须明确一点：在一次完美的速读当中，眼睛应该只有一次浏览。在这一次浏览当中，我们就必须完成对整体文本的扫描，并筛选出我们所要获取的那部分信息。至于更深层次的理解与阐发，都是之后的事情了。

第四个禁区是无重点的浏览。当我们选择使用速读法的时候，必然是因为当下的阅读意义非凡，至少也是抱着一定的需求而来。既然如此，速读的过程就不能仅仅是用眼，更要用脑。当然，这里的用脑指的不是用脑思考，而是用心寻找。很多人都把速读的重点单纯放到了速字上，但我们千万不要忘记，不论我们的"速"有多快，最终还是要为"读"来服务的。

在速度方面达标，只能说是做到了速读的第一步，但想要准确地把握隐藏在海量文字当中的信息，我们的眼睛不仅要快，更要稳、准、狠。不论是以获取信息作为目的，还是以理解阐发为出发点，只有尽可能地掌握最为重要的实质性内容，才能有助于接下来的工作。因此，在进行速读的过程当中，最好是在速读之前，我们就要明确自己阅读的主要方向，带着一定的问题，有目的性地在高速浏览的过程当中，寻找到需要自己重点掌握的信息。

第五个禁区是注意力分散的问题。这本是任何一种模式的阅读当中，都需要读者去注意的问题，但放到速读这一背景之下，必须尤其重视。我们已经知道，传统的阅读模式更依赖擅长抽象思维与逻辑分析的左半脑，因此，想象力的存在很大程度上会成为分散精神注意、影响阅读效率的阻碍。但速读当中，我们却必须动用到使用形象思维、更加感性的右脑，并且实现左右脑的完美合作。这种论述看起来，似乎有几分"又要马儿跑，又要马儿不吃草"的强人之难，但无论如何，想象力都必须在速读当中占据一定的位置。因此，速读在某种程度上来看，就是要求读者们一方面要发散思维，另一方面又要限制思维的太过发散。

这一要求显然有些苛刻，事实上，速读往往需要通过一定的训练才能做到，就是因为它有着许多高难度的地方。尽管在速读的浏览过程当中，我们必须借助阅读想象，完成从文本到图像的重大转变，但这一想象也千万不能过了头。阅读初衷虽有不同，大抵还是理性更为可取，如果注意力不能集中在文本本身，而是沉浸在天马行空的想象当中，我们大可以满怀遗憾地，对这样的读者们感叹"清风不识字，何必乱翻书"了。

不仅仅是想象力会作祟，一个人若是没有达到"以阅读为人生至乐"的境界，浏览文字的过程就或多或少是一种煎熬。由于浏览速度的加快，再加上浏览时间的延长，读者的注意力必然会慢慢脱离书本，很容易就会出现"小和尚念经——有口无心"这样的结果。直至最后，即使书仍然拿在手中，思绪却早就不知飘往何方，绕一个大圈子之后，又再次回归现实。在这样的过程当中，我们能够掌握到多少的有用信息呢？

很多人在传统的阅读模式，或者简单的快速浏览当中，正处于这样一种极其糟糕的状态。由于强大的路径依赖，这种读书状态更是根深蒂固，时时体现在速读当中。这个时候，所谓的速读也只不过是浪费时间，没有任何实际意义可言。

以上这五个方面，可以说是速读当中，读者最容易出现的问题。尽管这些毛病几乎都是在传统的阅读模式下养成，但当它们出现在速读当中时，所表现出来的危害反而是有过之而无不及。因此，对于这些禁区，读者无论如何都应该有意识地去规避。如果能够在速读当中避开这些问题，首先一个最为直观的好处，就是能够提升速读的效率。从长远来看，这更是一种对自身阅读方式的纠正，在使用其他阅读方法的时候，也只会给自己带来更多的便利和好处。因此，在速读之前，读者们一定要有意识地改变自己的不良阅读习惯，保证自己的速读可以完美地穿越禁区，更快抵达目的地。

第二节　速读之前的心理准备

速读的心理准备之一——阅读感知

我们必须要明确一点，阅读的过程，不仅仅是把书本文字传送到大脑这么简单，其间更伴随着我们每一位读者对文本信息的理解、领悟、吸收、鉴赏、评价和探究，因此，阅读的过程也可以看作是一个思维过程、心理过程。在这一过程中，大脑中的心理活动之丰富，是我们平常很难察觉到的。阅读当中的心理活动主要有阅读感知、阅读注意、阅读记忆、阅读想象四个方面。尽管彼此之间并不一定是先后顺序，但它们却构成了阅读的心理基础。同时，也只有满足了这四个方面的基本要求，在运用速读法的时候，才能够更加通畅。

第一个方面我们称为阅读感知。阅读感知，顾名思义，是对书本文字信息的感觉和知觉。这种感知不是对文本信息的孤立感知，而是以一种整体的、宏观的视角，把文本当中的每一个独立的"点"串成一条脉络清晰的"线"。简单来说，就是不拘泥于一个字，而是要把所有文字以词组、句子的方式进行阅读。与此同时，我们还必须确保我们的视觉感知与大脑的跳动频率保持一致。之前已经提到，人在阅读的过程当中，会有一种眼跳的现象，只有当我们的眼球处于静止状态时，大脑才能与我们的视觉感知相连通。

为了让速读更加有效，我们就必须尽可能地扩大自己的感知范围。这一说法看起来有些玄妙，其实却并不深奥。

有专家指出，尽管逐字逐句地阅读是许多人都会采用的方式，但在阅读文本信息、分享文本信息的过程当中，大脑却从来都不是以单个文字作为感知单位来进行加工。而且，大脑对信息的加工并非只有被动接收一途；之前已经储备在我们大脑中的认知和经验，也会对通过眼球浏览到的信息进行加工。因此，从心理活动的角度来看，速读不仅不会加重我们大脑的负担，相反地，我们的大脑还会十分乐意去对文本信息进行加工、理解。

事实上，以人脑超凡的思维能力来看，即使我们真的竭尽全力去扩大视觉感知，也不见得就能够与大脑的思维活动达成一致频率，因此，速读在实质上也并不是一件多么神奇的事情，而仅仅是进一步提高我们的大脑利用率而已。越是放大我们的感知单位，视觉感知与大脑思维活动的频率就越是一致，读者对于文本信息的记忆和理解程度也会明显提升。

速读的心理准备之二——阅读注意

抛开那种走马观花式的消遣阅读不谈，在一次正儿八经的阅读过程中，很少有人会抱着漫无目的的心态去翻书。不论是为了获取有用的信息，还是为了从书本中理解作者的意图，我们都必须对文本当中的内容有一定的取舍，或者说，我们的阅读必须带有指向性。不仅如此，为了保证自己的阅读能够始终沿着这一方向，我们必须持续投入，对自己所要重点把握的那部分信息，做到集中精力。因此，阅读的过程中也同样带有集中性。阅读的指向性和集中性加起来，就构成了阅读注意。

仅是从字面来看，我们也不难理解注意二字对阅读的重要性。尤其重要的一点是，比起传统阅读，在速读的过程当中，我们更加需要强调注意二字。即便是对于经过训练的人来说，速读也意味着要在同样的时间内，感知数量更为庞大的信息。在有针对性的阅读过程当中，如果不能保证注意力的高度集中，很多关键的信息或许就会被我们彻底忽视。

因此，阅读注意可以说是速读过程当中最为关键的一环。没有高度集中的注意力，不仅会给我们在阅读后续的记忆、理解、分析工作带来阻碍，甚至就连阅读感知的效率也会降低。在每个人上学读书的阶段，老师都会反复强调"读书学习要集中注意力"，这一要求的核心关键就在于此。

那么，阅读注意是否有什么可以依循的路径，或者说，在阅读注意的过程当中，又有哪些具体的、需要做到的要求呢？根据学者们给出的观点，我们可以将这些要求分为四种品质，即视觉的广阔性、注意的稳定性、集中性和紧张性。

视觉的广阔性之前已经提到，这是由于我们在传统阅读当中，并未能够充分运用大脑思维能力，所以需要通过扩大视野，让眼球与大脑更加完美的协作。如果说这一要求更多的是体现在了视觉上，那么剩下的三个要求就更加贴近注意力本身。

首先，注意的稳定性

观察一间教室里学生在课堂上的不同表现，我们很轻易就能辨别出哪一类学生的学习效率更高。毫无疑问，是那些心态稳定，始终跟着老师的思路走的学生。这种有条不紊、沿着一定思路去学习的状态，可以说是表现出了稳定的注意力。在阅读当中，一个注意力高度集中的读者所表现出来的稳定状态，与课堂上的学习也并无二致。

当然我们也必须向读者们强调一点，稳定不等于不变。就以速读为例，尽管我们一再强调需要保持稳定的精神状态，但不论是我们的眼球也好、思绪也罢，其实始终都处在一个飞速运动的过程当中。但我们却并不会因此而中断我们的阅读，反而会借助速读等各种方法，来保证我们的阅读工作能够得以更好地开展。

与之相反的一个例子，就是那些死盯着书本文字一看就是半天，却又没有任何收获的人。偏偏这样的人在现实生活当中还十分常见。表面上看起来，这种不走心的阅读可以说是极为稳定了，但我们相信没有哪个聪明的读者会希望自己也这样看书。

因此，对于注意的稳定性，我们或许可以换一种说法：平和的心态。不论我们眼前摆放的是哪种类型的书、是我们喜欢的还是无感的书，当我们拿起这本书的那一刻，我们就必须要让自己的心彻底平静下来。只有这样，才能让我们把全部精力都集中在书本的文字当中。

其次，注意的集中性

还是以课堂学习为例，每堂课的平均课时通常为 45 分钟，但就算是在这短短的 45 分钟里，也很少有人能够保证自己的注意力始终处于集中的状态。更为重要的是，即使我们的注意力始终集中，也不代表所有的学习内容都需要我们重点掌握，最为关键的内容通常只是一小部分。

如果切换到速读当中，我们可以这样理解集中性：一方面，我们要保证视觉范围和大脑思维始终与正在阅读的文本信息保持互动；另一方面，还要保证把主要的精力用在需要深入理解与把握的那部分内容上。尽管在速读的过程当中，我们需要把所有信息都压缩在大脑之中，但其中也有一部分信息，在我们对整本书的理解当中起到了引导性的关键作用，对于这部分的内容，我们应该格外重视。这样其实更有助于我们准确地理解一本书或一段信息。

最后，注意的紧张性

尽管在一部分人看来，阅读应该是一个放松的过程，但那是就我们的灵魂而言。对于我们的眼睛和大脑来说，阅读，尤其是速读，从来就是一个紧张的过程。不论何时，人只要进入阅读状态，眼睛和大脑就必然开始高速地运转。这个时候，我们的眼睛会集中在文本信息当中，大脑也会全力地分析眼睛传来的信息。因此，这种紧张性又不同于经常说的情绪紧张。前者是阅读的理想状态，后者却是一种负面的情绪困扰。

之所以说紧张性是一种理想的阅读状态，是因为这一状态下的阅读者，更能够集中自己的全部精力，全身心地投入到阅读当中。在紧张性得到保证的前提下，注意力的稳定性和集中性也能得到最佳的保障。

就像陶渊明在《五柳先生传》中提到的一样，许多读者也都有过这种感觉：当我们看一本书看到兴头上的时候，就会觉得时间过得特别快，甚至于原本其他一些让自己操心的事情，也并不能让自己的心里产生波动了。这种"每有会意，便欣然忘食"的阅读状态，在很多人身上都出现过，这就是阅读进入最佳状态的说明。

从心理学的角度来看，当注意力处在高度紧张的状态时，人更容易把全部精神沉浸在眼前的事物中，忽略周边的其他事物。这与之前提到过的阅读体验极其吻合。由此也可以佐证紧张性对于速读的助益。

对于阅读来说，注意的稳定性、集中性和紧张性是同时出现的，彼此相互作用、相互促进，并没有先后优劣之分。同时，这些要素也都是速读必须满足的心理前提。在速读的过程当中，如果我

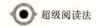

们能够从这些方面去提高自己的注意力，就一定可以让速读变得更加有效。

速读的心理准备之三——阅读记忆

在上学的阶段，老师对所有人都提出过背诵课文的要求，在很多人眼里，记忆力的作用本来就是体现在高强度背诵的时候。但我们却常常忽略了一点，即便是在阅读的过程当中，记忆力也在暗中发挥着无可代替的作用。

不论是在传统的阅读模式当中，还是在速读当中，理解记忆都是最终的环节。这并不难理解：当我们的眼睛把信息通过视觉中枢传递给大脑，由大脑进行理解分析的时候，所有的信息并不是静止不动，而是要在大脑的神经元之间反复作用，这样一来，就会在大脑皮质上烙下印记。这一过程我们就可以理解为记忆。一旦大脑受到来自外界的某种刺激，使这部分信息再次在大脑之中活跃起来时，我们的脑海中就会再次浮现出这些信息，这种信息重现的过程，就可以看作是回想、回忆。

学者们将记忆的方式划分为形象记忆、运动记忆、情感记忆和意义记忆这四种，其中与阅读过程有关的记忆，主要是形象记忆和意义记忆。

所谓的形象记忆，主要是把自己眼中所见事物的形象作为内容来记忆。同时，这也是所有人开始记忆的源头。由于形象记忆主要指向那些感性材料，如颜色、气味、声音等，因此更加直观鲜明，更加容易给人留下深刻的印象。现实当中，一个人只有首先做到了形象记忆，其他复杂的心理活动才有可能开展，并向思维的方向转变。

　　速读恰恰是利用了这一点。速读比之传统阅读的最大特点就是，当运用速读这一方法时，我们眼中的信息不再是以文字的方式展现，而是变成了类似于图画的内容。用这样的眼光去审视信息，无疑能给我们的眼球和大脑更加强烈的刺激，更容易留下深刻的印象。印象越是深刻，就越是有助于大脑的记忆和理解。在一些速读训练的演示现场，我们经常发现：使用速读方法的人，尽管必须在很短的时间内阅读好几本书，但在阅读结束以后，他们却可以对书中的内容侃侃而谈，甚至了若指掌，效率之高简直令人惊骇；而普通的人即使慢吞吞地看完一本书，却仍然有许多遗漏的地方。这就是速读的取巧之处。

　　意义记忆则比形象记忆要稍微高级一些，因为它主要涉及的是一些抽象的概念。因此，比起形象记忆，意义记忆少了很多直观性和鲜明性，记忆的时候更加考验人的智慧。意义记忆侧重于反映事物本质和内在联系的概念、定理、公式、推理和思想问题等内容，具有高度的概括性、理解性和逻辑性。从这一概念中我们不难看出，它与速读方法在某些方面的共通之处。

　　我们已经知道，唯有通过左右脑的通力协作，速读才能够更好地发挥其效用，然而速读本身是把文本信息以图像的方式，首先传递给右脑进行处理，再由左脑进行分析理解的。这是因为人的左右大脑各有专长，右脑更侧重于图片、音乐、情感等形象思维的分析处理；涉及逻辑、推理等抽象思维的信息，则是左脑的拿手戏。如果我们不太追求准确度的话，完全可以把速读的流程可以看作是眼睛—右脑—左脑。因此，在速读的过程中，一场阅读所必须具备的形象记忆和意义记忆都能够得到保障。反过来说，这种左右脑同时运用、互相协作的表现，也恰好指明了速读的实用意义。

速读并不是仅靠加快浏览速度就可以实现的，在这一过程中，考验的与其说是阅读者的眼力，不如说是脑力更合适，其中，阅读记忆的作用尤为突出。在短时间、高数量的速读过程当中，视觉只负责初步的信息扫描工作，而对文本信息的理解、化消，通常被放到了阅读的最后一环。我们之所以能够在阅读过后，对文本信息有所掌握，所依赖的正是人脑强大的记忆功能。在我们运用速读这一方法的时候，分别负责抽象思维和形象思维的左右脑都会得到最大限度的利用，这就是速读能够取得卓越成效的原因所在。

速读的心理准备之四——阅读想象

想象力总是与艺术创造联系在一起，鲜有人会想到，在速读的过程当中，想象力也是不可或缺的。对于阅读过程当中的大脑想象，我们可以称为阅读想象，这是一种特别适用于速读的方法。

在传统的阅读模式中，读者眼中只有文字，读者的思维也必须高度集中，才能保证尽可能地将所有文本信息逐一了解。为此，天马行空的想象，反而成为了一种阻碍，一种对阅读正常进行的干扰。尽管速读也需要读者提高自己的注意力，但在大脑的想象方面，却又有了新的要求。

正如我们之前所说，速读最为显著的特点就在于对右脑的开发利用，而右脑恰恰是善于处理形象思维的。速读要求读者把文本信息看作是图像，但是书本在本质上还是书本，不会随着人的意志而改变自己的形态。因此，这种转变也只能在脑海中进行。这个时候，想象力就派上了用场。

在速读的过程中，对于印在书本当中、形式已经固定不变的文字信息，右脑想要把它转变为更容易被自己接收、处理的信息，也只能借助神奇的想象力了。在人脑天马行空的想象之下，原本形式固化、毫无生命的文字符号，也会表现出生动、鲜明的特征，这样一来，无疑会更加符合右脑的需求。这也可以视为是想象的创造力在阅读方面的体现。

相较于形式单一、平淡无奇的东西，人们更容易对那些外形独特、夺人眼球的物品留下更为深刻的印象，这一点不仅是在阅读中，更在生活的许多方面都有着明显的表现。这是人们的正常心理反应，速读之所以能够表现出强大的阅读优势，也正是利用了这一反应。当我们用速读的眼光来审视手中的书本时，书中的每一页都不再是平凡无奇的一页，而是随着文字信息内容的不同，表现出不同样貌的独特一页。

毫无疑问，只要掌握一定的原则和方式，想象就完全能够成为高效阅读的一扇便利法门。而想象力作为一种极其形象的思维，其能力的高低也取决于负责形象思维的右脑。正常情况下，越是年纪大的人，所受到的传统教育模式影响就越深，在右脑的利用方面就会比左脑要逊色一些，这就是为什么年轻人在使用速读方法的时候，会比年纪大的人更好把握的理由。强大的路径依赖效应，使上了年纪的人更多地依赖于传统阅读模式，速度对于他们而言，自然会显得有些不太好把握。

所幸的是，既然我们已经知道了这一原因，就能够在实际的速读当中，做出相应的准备了。概括来讲，就是要在生活中，而非仅仅是在阅读的时候，有意识地培养自己的感性思维。对于生活当中的一切事物，都要立足但不局限于以往的视角，抛开单一的认知方式，更多地赋予事物以感性的特征。以这一观察原则为指导，在生活中不断地培养、激发自己的想象力，发挥自己的形象思维和形象记忆。这样，当我们翻开一本书的时候，才能够更加自然而然地为书本赋予更多独特的意义。这样一来，速读的效率也会得到显著提升。

单就这一点来看，速读也可以说是一种创意性的阅读，因为在这一过程中，阅读伴随着无尽的想象，每翻开新的一页，作者脑海中呈现出的，都是生动、立体的形象。与此同时，想象空间的存在，也在很大程度上避免了阅读带给人的枯燥和乏味感。由于想象力不断发挥作用，大脑也始终处于亢奋的状态，速读不仅不会让人对书本信息产生厌弃的心理，反而更容易使人进入精神高度集中的状态。从这一点来看，速读才是最能让人津津有味的阅读的方法。

第三节　速读的敲门砖

速读的敲门砖之一——让距离产生美感

在了解了速读的一些基本前提和注意事项之后，我们大概就可以知晓，速读的原理究竟是怎么一回事了。但在具体实践的过程当中，我们仍然需要给所有读者介绍一些方法。通过介绍这些方法，我们不仅能够知晓如何进行速读，更能借由这些方法，对速读这一概念有更加准确的把握。

第一个方法，就是让书本与眼睛保持一定的距离。在《世说新语·方正》当中，有这样一句话：以管窥豹，可见一斑。意思是，当人们用一根竹管去观察豹子的时候，我们眼中看到的，只能是豹子身上的一块斑。这句话在无意之间，揭示了一个非常重要的物理学常理，在现实当中，我们也都有过类似的体验：当一个东西离我们很远的时候，我们很难看清它的模样，只有把它拿到距离我们眼睛较近的地方，它的形象才能完整地映入我们的眼帘；但这种近距离又必须保持一定的限度，因为一旦让这个物品无限地接近我们，我们的眼睛就只能看得到这个物品的一部分了。在这一过程中，这个物品在我们的视网膜中，呈现出的是越来越大的像。尽管这是物理学当中关于光成像的一个重要内容，阅读当中我们同样可以借用其中的原理。

现在我们已经掌握了速读的重要心法：在一定时间内阅读更多的字。但问题在于，我们的阅读习惯已经保持了很久，阅读的频率也已经基本稳定，要如何在短期内，把更多的文字塞入自己的眼中呢？把眼睛睁大或许值得一试，但相信用不了多久，读者们就会为此感到疲累。而且，眼睛就算睁得大一点，又能大到哪里去呢？

既然我们不能够改变上下眼皮之间的距离，那么，我们就只好试着去改变文字与眼睛之间的距离了。在一些人看来，认真阅读的标准架势，不外乎是端起书本、凑近眼睛、逐字逐句。但就像以管窥豹的故事那样，如果离书本太近，我们眼中的文字就会变大、变少。因此，这种所谓的认真阅读的姿态，我们还是不要摆出来比较好。

我们的视觉范围都是有着一定的上限，根据科学家的研究数据显示，人眼的视角极限大约为垂直方向 150 度，水平方向 230 度。单以数据而论，人眼的可视范围还是比较充裕的，但事实上，在这上百度的视觉范围内，可称得上人眼敏感区的范围，只有区区 10 度；能够正确识别信息的，只有 10 ～20 度；甚至于对动态的东西相对敏感的范围，也只有 20～30 度。现实当中我们都有过这样的体验：自己的目光一旦集中在某一事物上时，该事物旁边的其他东西就会模糊、幻化，只能通过眼睛的余光有一个大概的认识；又或者为了看清某一物品，我们的眼球必须保持转动，甚至于连头部也要跟着一起转动。这些现象都说明了我们的眼睛所能看到的角度极其有限。

在视角范围一定而又极其有限的情况下，我们所能做的就只能是让书本远离眼睛了。有趣的是，其实早在我们进行传统阅读训练的最初时间里，我们就已经被要求这么做了。但凡是上过学的人，都有过被老师纠正读书写字姿势的经历。在这一过程中，几乎所有的老师都会提到"三个一"的著名原则：手指距离笔尖一寸；腹部距离桌子一拳；眼睛距离书本一尺。其中的"眼离书本一尺远"，某种程度上也可以看作是对速读方法的提前准备与训练。

尽管这一原则的初衷是提醒学生们保护眼睛、爱惜视力，但其中也有着辅助阅读的意义。一尺，即是 33 厘米，被认为是阅读最为清楚、眼睛最为舒适的区域，因此医学上又把眼前 25～33 厘米的距离称为舒适区（明视区）。在进行速读的时候，不论我们的年龄大小，我们都有必要把自己切换回小学生模式。

当书本离眼睛保持最佳的距离时，我们不仅不会为眼睛看不到书中内容而发愁，相反还能够看得更加快速。这是因为，速读是一种以段作为基本单位的阅读方法，一段文本中包含的文字越多，就意味着我们在一定时间内所能浏览的信息越多。这就是适度的距离在阅读当中的突出作用。

速读的敲门砖之二——设置时间标准，一秒都不能多

有句话叫作"人的成功是逼出来的"，我们完全可以把这句话用在速读当中。也许有很多人会担心自己无法适应快节奏的阅读，事实上，我们最好把这些担忧当作杞人忧天。速读从来不是什么难以掌握的方法，关键在于我们如何更好地利用阅读时间。

根据数据显示，正常人的阅读速度大概是每分钟 300～500 字，而速读的最低要求也在 2000 字以上。而且，这是速读的一项基本的、硬性的规定，没有任何转圜的余地。因此，在速读以外的阅读当中，读者们也应该有意识地去开发、训练、提高自己对于阅读时间的掌控度。在这一类的训练中，最为简单明了易操作的方法，就是为自己设置时限，这一方法我们可以称为计时阅读，被视为是速读的一项基本法则。

由于这是一种训练方法，而非正式的速读，所以我们也可以给自己适当减负。在计时阅读的时候，我们不需要设置太长的时间，通常情况下，一次计时阅读只需要 5～10 分钟即可，因为在进行这一训练的时候，我们所用到的不仅是眼睛，注意力也必须保持在高度集中的状态。注意力如果长时间高度集中，人脑反而容易疲劳，疲劳的直接后果就是注意力再度分散。

根据相关研究表明，一个人想要阅读完一段文字，最起码也需要四分之一秒的时间。计时阅读训练的意义就在于，通过一次次的训练来迫使自己不断地减少阅读所需时间，不断地提升自己快速获取信息的能力。

在进行计时阅读的时候，我们可以用手机闹钟随手设置一个起始时间，然后把时间点往后推移 5～10 分钟，设置为结束时间。当然，除了手机之外，闹钟也是一个不错的选择，尤其是对于那些容易看着看着就忍不住拿起手机刷一波的读者。时间开始，我们就必须把自己的全部精力都倾注到阅读这件事情中，最好是连计时阅读这件事本身都彻底忘掉。同时，我们要结合之前提到过的方法，争取使自己能够用最短、最快的时间，大幅地浏览。当结束时间的铃声响起，我们就可以立即停下，并且对照自己的浏览字数，得出自己的速读效率。

又或者，我们可以换一种方法，不设置起始时间与终止时间，而是选定一部分文本信息进行快速阅读，事后再记录下阅读这段文字所需要的时间。当然，这一部分文字不能太长，否则我们的注意力必然无法保持高度集中的状态。在接下来的过程中，每隔一段时间，等大脑休整完毕，我们就可以再次选定另外一部分字数接近的信息，再次进行快速阅读，并记录下时间。这一训练当中，我们必须保证自己所花费的时间越来越少。

计时阅读的另外一个好处，就是可以加深读者的时间观念，在无形中引导读者，建立起对速读更加准确的认知。由传统阅读到速读的切换，之所以看起来有难度，其中一个原因就在于速读更强调时间观念。计时阅读正是为了帮助读者树立起一秒都不能多的阅读观念，为速读打下强大的心理基础。

速读的敲门砖之三——厘清重点，优先扫描

在介绍这一方法之前，我们必须强调一点：优先扫描不等于忽略一部分信息。在一次真正意义上的速读当中，其实并没有哪句话是可以容许读者忽略的。但在以特定目的为出发点的速读当中，我们不仅要在视觉上保持宏观，在认知上也同样如此。

所谓认知上的宏观，我们可以简单解释为：从整体框架上去了解一本书的脉络。一本书中的文字虽然很多，但隐藏在其中的主旨却是极为精练的，大量的文字也只是围绕着主旨而阐发、因主旨而

得以串连在一起。速读的最终步骤，仍旧是围绕着大脑的理解与记忆。先一步抓住重点的阅读方法，无疑更能促进大脑的这一项工作。

因此，当我们翻开书本决定使用速读方法的时候，就不必急着一头扎入书中世界，在开始对正文的浏览之前，我们可以稍微思考下文本的标题和说明所要表达的中心点。如果可以，最好是对整本书的目录都扫描一遍。在我们进行这短暂思考的同时，大脑也会对这一部分的信息活跃起来。这样做的好处就在于，我们可以提前做好对文本中信息的理解准备，在速读之前就进入更好的状态。

对目录和标题的中心点有了基本的了解之后，我们就可以进行下一步的阅读了。我们可以优先看每一段话的开头几句，很多时候，这几句话往往就是一段话的精髓所在。又或者，我们可以以兴趣作为切入点，来贯通整个文本。具体的做法就是从文本当中找到自己感兴趣的内容（对自己有用的信息也可以），然后有重点地跳读。当然，在这一过程中，我们的跳动幅度不能太大，隔两三个字就已经足够了，否则整篇文本的内容很有可能就此割裂。在跳跃的过程中，我们也必须同时重点关注那些重要的词句，这样，通常很快就可以掌握一段文字了。

之后就是最后一个步骤——整体串联。对于一位喜爱阅读的人，这也是一个充满收获喜悦的完美收尾。很多时候，人们总是担心过于快速的阅读无法做到理解透彻，但使用这种先重后轻的阅读方法，就可以打消许多人的担忧。本来，任何一段文本的内容就是有详有略，有轻有重。人们在传统的阅读模式下之所以效率会低，一个重要的原因就在于为了弄清楚文本内容的主题，阅读中花费了许多时间去分辨、思考。也许这一过程不过是短短的几秒，但对于速读而言，每一个一秒都是巨大的浪费。

速读的敲门砖之四——整体识读，效率更高

只要经过一定的训练，大部分人都可以实现阅读速度的大幅提升。但在速度加快之外，阅读的效率是否也如同速度一样直线上升呢？

这一问可以说是问出了许多人的苦恼。事实上，有许多人的速读体验并不是很好，其中的原因之一，就在于看而不懂。所谓看而不懂，就是指他们虽然可以比较快速地扫描文本，但却很难在第一时间内理解自己所看到的内容。这就造成了他们在后续的理解过程中不得不付出更多的时间去保持眼球停顿，变相拉低了阅读的效率。

对于这种情形出现的原因，学者们也给出了自己的看法。在他们看来，许多使用速读法的阅读者，在文字基础方面仍然显得有些薄弱，这种基础的缺失才是造成速读理解效率低下的根源之一。尽管这些读者在年龄方面占据优势，思维、记忆力都处于人生当中的黄金期，但在平素的生活当中，他们对于传统的纸质阅读缺乏重视，甚至于对文字都缺乏足够的敏感度和识别度。

从某些方面来看，我们也可以把速读效率低下的原因归结为现代人对阅读和学习的重视程度不够。事实上也确实如此。在获取信息的渠道日益拓宽的今天，传统的纸质阅读在表面上看起来似乎已经不再是一件有趣的事情；文字对于人们的吸引力，也远远比不上图片、动画、声音这些更加形象、更加立体的媒介。再加上肤浅的快餐文学的泛滥，人们即使在阅读的过程当中，也不需要怎么去用心。因此，一旦到了同时考验速度和理解的快速阅读中，就会左支

右绌，无法同时顾全。

要想改变这一现状，首先在平时的速读训练当中有意识地提高自己整体识读的能力。速读效率的高低，与阅读者的整体识读能力直接相关。在传统的阅读模式当中，我们已经习惯了逐字逐句地去阅读文本，但这一阅读方式也会割裂原本整体呈现的文字，增加理解所需的时间。如果将许多字词、一句或数句甚至一段作为一个整体来识读，不仅能够大大减少注视点和眼跳次数，扩大阅读视野，更能够使大脑在眼睛每次停顿的时候，接收到更加完整、更加便于理解的信息。因此，在阅读中注意养成整体识读的习惯，也是提高速读效率的一个重要方法。

还有一个提高速读效率的方法，就是直接在理解力上下功夫。通过之前的分析，我们已经知道了文字基础对于阅读理解的重要性。在日常的生活学习当中，我们也可以对症下药，有意识地训练自己。

要提高自己的文字基础，无非是多读多看四字而已。闲暇的时候，我们不妨先放下手中的电子设备，拿起身边任意一本杂志研读。当然，对于有时间的人来说，文字工具书也可以适当地运用。只要我们多一些与文字打交道的时间，文字与我们的眼睛和大脑之间，就不会显得那么陌生；在快速阅读的过程中，理解也就不再那么困难了。

第四节　速读的注意事项

速读的注意事项之一——什么时候需要速读

比起传统阅读，人们对于速读的争议更大。在一部分人看来，速读和传统的阅读一样，只不过是一种知识和方法，但随着人们对速读研究的加深，这种观点也开始受到冲击。那些长期以来，一直致力于速读培训、研究的学者们从自身经验出发，得出了一个全新的结论：速读不是一种方法，而是一种阅读的重要技能。技能总归是为一定的活动而服务的，围绕着速读的本质和具体运用，学者们更总结出了一些在速读的过程当中，必须重点把握的事项。

首先，读者们必须明确速读的对象和主体，或者说是适用范围更加妥当。古代人获取信息的渠道相对单一，传统的纸质书本是最为主要的媒介；但在科学技术高度发展的今天，人们对纸质媒介的重视程度和使用频率都大大下降，甚至就连传统的出版行业都受到了一定的冲击——当然这已经是题外话了。

从数量上看，当今时代人们接收信息的渠道实在太多，比起古老的纸质媒介，那些更具科技感的媒介，更能激起人们的兴趣；从接收信息的效率上看，一页一页翻阅所花费的时间，也远远超出了搜索引擎的轻轻一点。就了解世界局势来说，人们不必专门挤到报摊前，拿起报纸一个字一个字、一个版面一个版面地搜索，只需打开电视电脑，或者拿起手机，就可以看到最新的、最直接的新闻报道。显然，不管是速读还是传统的阅读方法，在这里都失去了意义。

因此我们可以明确指出，速读，主要指向以文字为主体的各种纸质平面媒体，以及多媒体显示的图书、报刊、文章及资料等文字信息。这其中包含有两个关键词：文字、信息。

速读是一种依靠眼睛的浏览，眼睛的功能自然只能是看，而不是听、闻。所以在决定使用速读法之前，我们必须保证接下来所要面对的，是与文字相关——准确来说，是以文字和符号为主要对象的信息。如果在获取信息的过程中，我们完全可以用其他感官来代替视觉，比如收听新闻广播；又或者信息当中的文本不占据数量优势，如欣赏书法、绘画一类艺术，所谓的速读显然是没有必要。

对于信息，在这里我们把它限定在对我们有益的范围之内。在信息爆炸的当今时代，也正是为了尽快地获取对自己有用的信息，速读才有了用武之地，毕竟，任何一本好书到了最后，总是需要慢慢品味、精心研读的。因此，当我们的阅读出发点偏重于思考、升华主题时，就不能单以速读作为阅读方法了。另外，如果文本当中并不涉及有益信息这一内容，速读就更是显得可有可无。

速读的注意事项之二——不能没有注意与理解

尽管超快的阅读速度，是速读最具代表性的特征，但速读却并非唯快不破。在速读的过程当中，读者还必须重视另外两个概念——注意力、理解。

精研速读法多年的学者们，对此给出了最为精辟的十字箴言：快速为形式，理解为前提。速读法的研究学者们，把速读定义为一种极具专业性的现代阅读技能，对于其内涵的填充和丰富，可以说是不遗余力。在他们看来，慢吞吞地翻书自然称不上是速读；可那种在匆匆翻完书本之后，两眼茫然一无所知的做法，又怎么能与速读当中的读字沾边。无论何时，速读都必须与理解、记忆这些概念联系在一起。

事实上，也正是通过与这些概念的联系，速读才得以与走马观花式的阅读相分离，晋升为一种重要的阅读技能。在速读的过程当中，人的大脑也必须保持相同步调的理解、思考，不仅要好好思考，更要理解正确。

对于阅读速度与理解的关系，研究速读法的学者们还特意做了一番数据研究。美国的阅读学家 GR. 施道弗博士提出，阅读速度和理解率，两者之间的关系是相互制约的，应当保持适当的平衡。理解率在 70% 到 80% 之间，说明阅读速度适中；理解率低于 70%，读者就要考虑适当放慢步调了；如果高于 90%，则表示读者的理解能力还绰绰有余，可以适当加快。他还提出了通行的阅读效率公式，也就是著名的"GR·施道弗公式"：$E = R * C$。其中，E 为阅读效率，R 为阅读速度，C 为理解率。阅读速度一般以分钟为单位，即以总字数或单词数除以分钟数：$R = G/T$。理解率指阅读测试的通过率或得分率：$C = 答对题数/总题数$，或 $C = 所得分/总分$。

从这一系列数据和公式当中，我们也不难看出理解在速读这一过程当中的重要性。不论是阅读的最初阶段也好，还是上升到理解创新层次的阶段也罢，阅读最终都要归于理解记忆一途。因此，我们可以这样说，速读不仅要眼过千遍，更重要的是心过一遍。

速度与理解是构成有效速读的一体两面，任何一方都不可或缺。甚至也有一部分学者对理解表现得更为重视。在他们看来，"速度本身并没有太大的意义，而只是一种推动理解的工具而已。只要我们还承认阅读是为了理解，我们就不能明知故犯地把速度与理解一分为二，视为两个毫不相关的孤立因素"——这段话出自《高效速读法》，作者是美国学者科林曼尔斯。对于那些心急火燎地翻开书本、恨不得在下一秒就把全部文字扫描完毕的读者来说，这句话可以说是最为明确的提醒。

因此，我们其实可以为速读当中的"速"，赋予更多的内涵。通常情况下，我们都会认为"速"应该体现在阅读的速度上，但结合学者们的观点，我们可以把"速"的范围拓展到阅读当中的其他环节。比如，除了读速以外，还有认知、识别的速度；在识别的基础上，还有理解的速度、记忆的速度。事实上，这些都对速读的效率，起着非常重大的作用；也只有兼顾这些方面，才可说是真正实现了速读。

明白了这一点，在速读当中或是生活当中，我们就要有意识地从整体角度来增强速读能力。对文字的快速浏览更多地取决于眼睛；但对文字的快速识别与理解，却是依靠我们的大脑。现实当中，速读还有另外一个名称，叫作"全脑阅读"，恰好印证了我们对于速读的全面阐发。

速读的注意事项之三——在快速中提升理解和记忆

在快速阅读的同时保证理解与记忆，对于人的脑力而言未必就有多困难，关键在于人们对自己是否有足够的自信。当然，想要提升自己的自信，借助一些行之有效的方法，会更加让自己心安。

有的学者指出，在速读的过程当中，全盘扫描虽然必不可少，但读者在阅读中需要掌握的，终究也只是一部分信息。因此，读者并没有必要对所有文本信息，都付出同样的专注和集中，只需要运用自己的思维、经验，完成对自己所需的信息的梳理、整编即可。

因此，速读的过程必须围绕着一定的主题，我们的精力也正是要集中在与主题相关的内容上。

因此，在速读之前，我们首先要明确书本的主题，或者自己的阅读主题——做到这里还不算结束，在接下来的正式阅读中，我们必须参照主题，找到隐藏在诸多文字当中的主题词。阅读当中的理解，说到底是对段落、篇章主旨思想的理解，唯有明确了这些主题词，才能更进一步理解文本内容的情感、思想、观点。现实当中有很多人，在读完一段文字之后，往往却张口结舌，无法向他人描述书中的内容。很多时候，并不是因为文本当中没有有价值的信息，而是读者本人没有提炼出其中的重点。

除了主题词以外，关键词也是很重要的。任何一个观点的论述都需要借助特定的句子和词汇，这些词汇对于整段文本信息来说，都是极为重要的。围绕着一定的主题，借由这些词汇，一个观点和想法才能得到完整的阐发。如果能够把关键词牢牢掌握在手中，往往也就等于宣告掌握了文章的脉络、重点以及要点。事实上，许多作者在写作的过程中，都会借助关键词来更加精准地表达自己的观点，这正是出于帮助读者理解的考量。

不论是提炼主题词还是关键词，都不能局限于一次阅读，更重要的是在阅读完成后，对于这些词汇的排布也进行一些了解。通过这些了解，读者们也能够慢慢总结出一些规律，这样在以后的阅读过程当中，即使面对一本全新的书、一段陌生的文本，也可以更加轻易、准确地把握书中的观点。具体来讲，在寻找这些词汇的过程中，读者们也可以简单地做一些标记，在阅读过后结合整段文本，细细地研读、揣摩。这样一来，读者们对隐藏在文本当中的词汇分布规律，就可以逐步地把握了。

在明确书中主题的基础上，我们还要有更进一步的认识——对于书中精髓与问题的分辨。在一次有目的性的阅读当中，阅读的出发点大抵可以分为两类，一是解决当下问题，二是对内容的理解、创造。因此，我们的阅读心态也会有许多种，比如品味鉴赏、批判思辨、研究探索……但不论究竟是带着什么样的心态去阅读，我们首先都要找到文本当中最为精华的内容，又或是最为主要的问题。

举个例子：如果是出于鉴赏的目的，那么书中那部分带有艺术性的内容，就是我们所需重点了解的精华；如果是为了解决现实生活和工作当中的某些问题，我们就应该重点分辨书本当中涉及我们所需要，并且能够提供一定方法或思路的内容；如果想要从书本当中获得支持，或者加深体悟，我们就要重点关注那些与我们的观点相关联的内容；如果对书中的某些观点抱有怀疑，我们就要注意那些前后说法冲突，又或者在逻辑和说服力上有缺失的部分。不论从哪个角度来看，这些内容都可以说是书中最为重要的部分，也最有助于读者理解书本、理解作者。

不论是主题词、关键词还是精华内容，这些都是从宏观整体的角度上，对读者提出了要求。但在速读的过程当中，细节也从来不容许读者忽略。尽管有的时候，这些细节既不是重点内容，也没有任何可以深入阐发之处，但它们仍然对读者提出了必须掌握的要求。其中最具代表性的就是那些直观信息，比如人名、地名一类。从鉴赏的角度来看，这些信息没有任何的艺术性；从思辨的角度来看，这些内容也是无法深入研究的。但如果我们忽略这部分内容，对整个文本的掌握仍然会显得支离破碎，不成体系。

类似这样的细节在书本当中还有很多，甚至于有的细节本身就是重点内容的载体，比如"历史事件年表"一类的信息，只要能够把握其中每件事情的先后顺序，我们就可以在一定程度上完成对整篇文本最重要内容的理解。

因此，速读是一个详略均衡的阅读过程，在这一过程当中，整篇文本当中的重点内容与细节旁支，都需要我们在加以区分的基础上，进行不同类型的掌握。只有实现了这种全盘的把握，速读才能读进人心当中。

第三章
快速阅读方法

在上一章中，我们已经初步了解了速读的原理和要点，但仅仅凭借这样的认识，还不足以面对复杂的纸质阅读。传统阅读的复杂体现在很多方面，比如文本类型的不同、文本内容的不同、读者阅读需求的不同……根据不同的情形，读者们需要做出相应的灵活调整，实现最为高效的阅读。

现实当中，有几种最常见的、具体的快速阅读方法，比如猜读、寻读、跳读、扫读、略读、浏览、鉴别阅读、整体阅读……这些方法不仅各有特点，也有着各自不同的阅读步骤和要点。此外，这些方法都经过许多实践证明，并且可以广泛地运用在现实生活当中。

如果我们把之前介绍的速读原理要点看作是武功心法，这些方法就可以看作是具体的武功招式。只有把心法与具体的招式相结合，才能在最短的时间内，高效地掌握一本书的全部内容。因此，读者应该尽可能地掌握每一种速读方法，以应对不同的阅读挑战。

第一节　猜读法

书不仅可以读，还可以猜

通常情况下，我们都把带着问题一气呵成，看作是最为高效的阅读方式，但也有一些阅读方式需要适当地停下来，并且不是阅读一次就能结束的。猜读法正是这样一种方法。

猜读法，顾名思义，是要让读者在阅读的过程中进行一定的猜想，简言之，就是要根据已知的内容来推断未知的内容。猜读法又叫作悬测读书法、超前思考法，从名字和定义来看，这一阅读方法显然更注重大脑的思考，更加强调读者的创新。

事实上，思考与创新，正是猜读法的本质要求。所谓"尽信书不如无书"，在阅读任何一本书的时候，我们都不能一味地跟着书中的观点和作者的思路走，而要在独立思考的基础上，做出扬弃与创新。否则，随着阅读的加深，我们只能逐渐失去自己的灵魂。

我国著名的数学家华罗庚先生，就是一位善用猜读法的睿智读者，在华罗庚自学的过程当中，猜读法起到了巨大的作用。

每次华罗庚手中拿起一本新书的时候，他都不会像平常人那样，翻开书本从头到尾一字不漏地阅读，而是先对书本的名字进行了解。在弄懂了书名的含义之后，他又会熄掉灯躺在床上，把自己带入到作者的身份，反问自己：如果自己就是作者，会如何拟定这本书的内容？会如何安排这本书的章节？会如何构架这本书的知识体系？又如何完成每一个前后章节之间的知识联系？只有把这些问题一一想过，并且得出答案之后，他才会再次起身，翻开书本进行对照。如果发现书的作者在写作思路和整体框架上，与自己所设想的模板一致，他就不再细读这本书。这样一来，别人需要好长时间才能读完的书，华罗庚往往只需要一两个小时就可以翻阅完。通过猜读，华罗庚不仅比别人节省了大量的学习时间，更重要的是在阅读当中，成功地变被动为主动，培养了自己的思考分析能力。

变被动阅读为主动阅读，这可以说是对猜读法最为贴切的形容。日常生活当中的许多读者，尽管读了大量的书、掌握了许多知识，但这些知识却都是以杂乱无章的状态，胡乱堆砌在脑海之中，并没有融会贯通，更没有形成一个坚实、稳固的体系。这在很大程度上是由于阅读者的姿态过于被动所致。

阅读并不是被动地接收信息，更不是跪下来听从书中的道理，否则，光是各种书中彼此矛盾、对立的观点就足以让我们大脑混乱。在读书中加入自己的思考，对书中的内容进行深度的理解，这才是最基本的阅读态度。猜读法之所以值得采纳，也正是因为在猜的过程当中，读者们就已经完成了对书本内容极为重要的思考。

也许有人会质疑猜读法的效率，毕竟从过程上来看，在猜测的状态下，我们是无法立即投入阅读当中的。但事实上，华罗庚的猜读故事就是一个最佳的说明。有句俗语叫作"磨刀不误砍柴工"，如果说大脑是刀，书本是柴，那么猜想的过程显然就是那块至关重要的磨刀石了。

除了在思考方面的显著作用以外，猜读法还有一个最为明显的优势，就是适用范围很广，许多善于讲学的老师，也会在课堂上主动使用这一方法，引导学生积极地学习、思考。正因如此，我们才会建议在阅读之前，试着去采纳这种独特而高效的阅读方法。

胡思乱想，不是猜想

或许在部分思维活跃的读者看来，猜读法实在是一种很有趣的阅读方法，但不论他们表现得多么热情，我们都要做出一个简单的提醒——不要瞎想。事实上，尽管猜读法更加需要动用到人的大脑，但在猜读的时候，读者们也必须让自己的思绪遵循一定的路线。如果脱离书中的内容，漫无目的、天马行空地去猜想，那就不叫猜想，而是瞎想了。

猜读的基本思路是根据已知内容，推测未知内容，很多人的误区就在于他们只注意到了前者所说的源头，却忽视了后者强调的范围。要想避免这种阅读的误区，避免从猜想滑向乱想，我们就必须细细揣摩猜读的含义，其中最为重要的，是搞清楚以下几个要点。

第一就是立足点。在猜读的过程中，读者的思绪首先必须有道可循，这一"道"就立足于文本信息当中，也只能立足于文本信息当中。那么，又该如何准确把握这些信息呢？首先，我们要明确"信息"二字的内涵。信息，在这里指的不仅仅是狭义的资讯，而是与文本内容紧密联系的各个方面，比如书本名称、文章体裁、有关段落、有关词句……所有这些，都必须纳入大脑的思考范围。

在对这些信息都有了初步了解之后，我们才可以进行猜想，注意：我们的猜想必须围绕着之前的各种信息，并且要遵守一定的流程。这就是我们要讲的第二点。具体来说，这一过程可以是这样的：拿起一本书看到标题，然后猜测正文的内容，等到猜想完之后再翻开书本，看看自己的推测与书中内容有何异同；在开始阅读的时候，我们也不一定非要急着读完，而是可以在看完一段文本的开头之后就停下来，猜测这段文本的结尾可能是怎样的，然后再将这段文字彻底读完；在读完一段话之后，可以再次停下来，预测作者接下来又会讲述哪些方面的内容。

不难想见，由于每个人思维的不同，这种猜测的结果必然伴随着多处前后不一，然而读者们也完全无须为此灰心。能够准确把握作者的思想脉络固然了不起，但我们不妨把这一任务放到最后的理解记忆环节当中；即使猜测的内容与作者的思路有所偏差，也没有任何要紧之处，重要的是这种创造性的思维对于人脑的有效锻炼。而且很多时候，与原作的偏差非但不是谬误，反而是一种超越。

亚里士多德曾经说过："两个铁球，一个 10 磅重，一个 1 磅重，同时从高处落下来，10 磅重的一定先着地，速度是 1 磅重的 10 倍。"围绕着这样一句简单的话，伽利略却做出了种种猜想。他想：如果这句话是正确的，那么把这两个铁球拴在一起，落得慢的就会拖住落得快的，落下的速度应当比 10 磅重的铁球慢；但是，如果把拴在一起的两个铁球看作一个整体，就有 11 磅重，落下的速度应当比 10 磅重的铁球快。这样，从一个事实中却可以得出两个相反的结论，这怎么解释呢？

发现了这个疑问之后，伽利略便反复做了许多次试验，最终证明：两个不同重量的铁球同时从高处落下来，总是同时着地，铁球往下落的速度跟铁球的轻重没有关系。伽利略的这一发现，成功地证明了亚里士多德观点的谬误，并引起了当时社会的一片轰动。

对于思维比较活跃的读者来说，伽利略的例子堪称是教科书级的经典案例。在猜读的过程当中，尽管我们的思维有着很大的想象空间，但不论思维如何发散，都不能脱离书中最为基本的观点。只有把活跃的思维与书中文字完美结合，才有可能诞生出更加超前的智慧。

某种程度上，猜读法需要的不仅仅是单纯的想象，更是一种批判性的思维。漫无边际地胡思乱想，只能让我们越读越偏；唯有带着批判的眼光、怀疑的精神去展开联想，我们的猜想才有可能更加丰富，甚至突破书中观点的桎梏。如果在阅读的过程当中，这种猜想能够做到无须刻意而求、自然而为的地步，我们的阅读本身就成为了思考的过程，阅读效果才能够更上一层楼。

从何猜起，从何而终

既然猜读不是漫无目的、天马行空的想象，那它必然会围绕着一个中心，有始有终。作为读者，我们必须要首先明确这一点，然后才能开始进行猜读。当然，不同类型的文本，其内容也不同，我们必须针对文本各自的特征和要点，在猜测、阅读、思考当中有所侧重。

之前我们介绍过华罗庚的悬测读书法，在这一过程中，读者首先要对书本的题目进行分析思考。这可以视为一切猜读的起始之处。不论面对任何题目，读者都应该先猜想作者会提出哪些论点、如何提出论点，以及采取什么样的方式去论述。具体到不同类型的书本，又有不同的重点。

比如小说一类的文字，相比于内容的科学性、合理性，显然故事情节的艺术性更是读者所注意的事项。因此，在阅读的过程当中，读者就要把故事情节作为猜测的重点，对故事剧情的走向、人物的个性与命运做出推断。在一边推测一边继续阅读的过程中，就可以通过对故事真实剧情与自身预测做出比较，借此了解作者是如何描述一个故事的。如果是那些颇有影响力的精品小说，细心的读者们不仅能够了解到对方构建故事框架的能力，更能够体会到隐藏在故事剧情之下的作者的人文之心。

新闻报道类相对枯燥，特别强调文字的科学性、真实性。从阅读标题开始，读者们就可以把全部内容都思索一遍，比如开篇导语、内容背景、段落、结尾，通通不要落下。同时围绕着标题进行反思，如果自己是作者，会如何撰写这样一篇报道；与自己的设想相比，作者的文稿有什么突出的优点，又有什么样的缺漏；从这样一篇报道当中，自己应该得到什么样的启发等。

尽管每一类书籍的猜读侧重点都不同，但猜读的步骤却是相对一致的。具体来讲，猜读法的步骤主要有三个：确定起点、对照阅读、进行比较。其中的每一个步骤都有着一定的注意事项，只有在阅读过程中始终围绕着要点，才能让猜读发挥出真正的作用。下面，我们将会详细讲述这三个步骤的要点。

第一，确定猜测的起始点

一本书中的信息总是纷繁复杂，其中的关键才是需要读者掌握的。这一步骤恰好是为了使读者在猜想的时候，能够保证大致方向的正确。"猜想不是凭空乱想，必须要以原文的有关材料作为猜想的依据"——这是我们曾经强调过的重点；而所谓的"有关材料"，自然也要从原文当中去找寻：或是文体本身，或是某个词语，或是某个段落，或是某条注释等。在这些内容当中，都有可能包含着与文章主旨密切相关的要点，只有抓住了这些重点，才能保证读者的脑力得以充分运用，而不是浪费到无关紧要的旁枝末节当中。因此，第一个步骤其实是猜读的"导航地图"。

第二，对照阅读

这一步骤当中的"对照"，我们也可以称为"寻找"。也就是说，在围绕文章原材料作出猜想之后，读者应当快速阅读后文，从

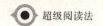

中寻找与自己的猜想有紧密关系的部分，进行重点阅读。一方面能够促使读者尽快寻找到书中的关键内容，另一方面也是为了保证读者的猜想不脱离书本精华，能够对书本有更加深入的理解。

第三，将原文的内容与猜想的内容作比较

这一步骤既可以看作是对自身猜想的检验，又可以看作是收获的过程。可以预见的是，不论我们如何猜想，最终与原文比较的结果无非是三种：一致、不一致、在某些方面一致。如果两者是一致的，说明读者准确地理解了猜想的部分在全文当中的表达作用；如果不一致，或者不完全一致，读者也不必灰心，这几乎是必然的。即使不一致，读者也完全可以继续深入对比，思考原文在写法上的得失的，进而修正自己的思路，得出比作者更为高明的结论。

需要指出的是，猜读向来有两种类型，以上这些步骤主要是就"预估猜读"而言。此外还有一种"识记猜读"，是在读者已经熟读的基础上，遮住要求记忆的内容，猜读该部分的内容后再与原文进行对照。反复进行多次，直至能够快速、准确地背诵这部分内容。当然，这是一种更偏向于记忆而非理解的方法，在此我们不做详谈。

学生猜一猜，老师更轻松

猜读法是从何时被人总结出来的，我们很难说得清，但猜读法在日常学习当中的运用，已经不是什么新鲜事儿了。试着回顾一下我们的课堂岁月就会发现，猜读早已贯穿了我们的学习生涯。

很少有老师会在课堂上一个人喋喋不休地讲，在老师眼中，与学生之间的互动才是最为高效的讲课方式。因此，很多老师会在讲到某些关键之处的时候骤然停下，然后敲敲黑板反问同学：现在，有请同学们讲述一下自己对课文的理解。这就完全可以视为是一种简单的猜读学习。

对于这种引导式的猜读法，有人总结出了五个步骤：藏、问、连、推、揭。这五个步骤环环相扣，在课堂教学当中，是一种极为高效的阅读引导方法。

第一个步骤是藏，这是为了能够激起课堂上的阅读气氛。想必很多老师在面对学生的时候都有过这样的苦恼：尽管自己饱含热情、绘声绘色地讲解，学生们在阅读的时候却总是有口无心，文不过脑。其中的原因姑且不论，至少我们可以确认一点：学生的精神根本不在状态。这个时候，"藏"就派上了用场。

所谓的藏就是指，老师在课堂上讲课文的时候，无须逐字逐句地去讲解，而是应该有所保留。具体来说就是，老师应该有选择性地遮挡住一部分文字，只为学生呈现另外一部分文字。

之所以要用这样的方法，主要有两个用意：一是带动学生阅读课文的积极性；二是让学生的想象力能够得到高效的利用。每个人都有着强烈的好奇心，太过明白无遗地展露，总是比不上遮遮掩掩更能吸引人的眼球。这样一来，老师就无须借助各种强制手段来拉回学生分散的注意力了；而且，把最关键的信息遮挡住，只留下另外一部分阐述的内容，也可以保证学生的思考范围始终不脱离这部分关键信息。

第二个步骤是问，这一过程可以说是整个环节当中的重头戏。不仅如此，这一环节也更多地需要老师进行引导。

如果说藏是一种悬念的设置，那么问就是对悬念的提出了。首先，老师要引导学生顺利地读完整段文字，让学生明白课文的大概内容；然后，就可以提出自己事先准备好的问题了。需要指出的是，不论老师的具体问题为何，这些问题都必须遵循一定的原则：趣味性、现实性。所谓趣味性，是指这些问题应该以更加有趣的方式来提出，以便于进一步提高学生的专注度；所谓现实性，是指老师必须精心设置这些问题，保证这些问题全部围绕着在之前步骤中，被隐藏起来的重要内容。这是为了避免学生因为兴致突然高涨，而无法束缚自己的思维，在各种发散性的思考当中偏离了书中的主题。

又或者，老师也可以根据学生在课堂上的表现，把握他们对于书中内容的思考，不失针对性地提出新颖而不脱离课本主旨的问题。总而言之，在这一过程当中，主角更多的是老师而非被遮挡起来的文字，老师的精彩表演才是一堂课效率高的最佳保障。

第三个步骤是连，这一步骤当中，主角又切换为了学生。这是因为，学生在老师的引导和问题之下，要开始完成根据已知来推测未知这一任务了。所谓的连是指学生在思考问题、回答问题的过程中，不能漫无边际地瞎想，而是必须参考已知的重点词句、结合上下文的主旨，在思考中将这些信息串联起来。

这一过程主要考验的是学生的逻辑思维能力，老师所能起到的帮助相对有限。但即便如此，老师们也无须过于担心。毕竟，猜读法的重点本就在于独立思考，用在教学当中，看重的也是对学生创造力的锻炼。至于猜想的答案是对是错，完全没有关系。

第四个步骤是推，主要的操作人仍然是学生。推就是推测，这也是整个课堂猜读的过程当中，与"猜"字最为贴近的一步。在这一步骤中，学生要充分动用自己的大脑去思考，联系上下文当中已知的故事、情节等信息，进行各种联想、推测，进而补全整篇文章。

由于个人的思考方向总是有所局限，为了引导学生更好地进行联想、推测，老师也可以采取其他方法进行引导，比如把全班同学划分成一定的小组，由每一个小组的成员集体讨论之后，得出最为统一的见解。一方面，这是为了充分调动所有学生的智慧，实现集思广益的效果；另一方面，也是为了避免学生个人在猜测、思考的过程中想得走神，或者偏离了既定主题。

为了提高课堂效率，在这一步骤当中，老师也必须注意把控时间。比如，老师可以给所有学生设定一个时限，比如 5 分钟到 15 分钟不等；每一组的成员都必须在这一时限之内总结好自己的讨论成果，然后推举出一名代表，在全班进行宣讲。老师们需要注意的一点是：在学生宣讲的过程中，即使他们的观点与书中并非百分百的吻合，只要言之有理，老师就应该予以最大限度的鼓励。

最后一个步骤揭，也可形象地称为抖包袱。如果老师调动课堂气氛的水平足够高，在进行到这一环节的时候，课堂气氛应该已经达到了最高潮。当学生们各自将自己的观点纷纷表述完毕，并且在课堂上掀起了一阵热情的时候，老师们就是时候趁热打铁，来一波完美的收尾了。

在这一环节当中，老师首先要揭开被自己隐藏的"真相"，经过一番热情的讨论，这样的悬念没有哪位学生不会感到好奇、期待。所谓欲擒故纵，如果说老师之前所要做的是"纵"，那么揭开悬念的做法，自然就是"擒"了。

在这一过程中，老师所要做的不仅仅是揭开真相这么简单，更重要的是进行分析。在分析的时候，老师不能仅仅单独去分析课本内容，更要结合之前步骤当中，学生总结出来的观点，进行对照、比较，通过对两者之间的异同分析，找出课本内容的独到、精深之

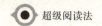

处。同时，这也是一个引导学生与作者进行精神交流与对话的过程，在这一过程中，学生的精神和思考方式都会大受裨益。

当然，对于学生自行思考、讨论之后得出来的结论，老师也应当有所注意，哪怕这些结论并不与课本原意百分百的吻合。课堂猜读法的最大意义，就在于对学生的思考力与创造力的培养、促进，而这些正是传统"填鸭式"的教学模式所缺乏的内容。许多人都把当今的教育模式称为死读书，原因也正在于此。

需要指出的是，当猜读法用在课堂上的时候，其所包含的内容不仅仅是课本文字这么狭隘，而是应该有更为丰富的内涵。除了课文当中的故事情节以外，课文的结构脉络、人物性格等方面的内容，也应当一并引起老师的注意。只有这样，才能最大限度地利用猜读法的优势，使学生在课堂上不仅能够体验到新颖、有趣的学习方式，更能够通过对课本的学习，真正提高自己的思维能力和创造力。

课堂猜读法有哪些要点

对于课堂猜读法的大致流程，许多老师已经有所明了，但想要真正运用好这一方法，老师们还必须在以下几个方面多加注意。

第一，循序渐进，逐步放松

相较于传统的教学方式，猜测阅读法不仅新颖，同时也对学生的思维能力和创造力提出了更高的要求。在最开始的时候，无论老师如何努力引导，学生们都很难直接达到老师理想中的表现。这就要求老师对猜测阅读法有足够清醒的认识了。

猜测阅读法的意义不仅仅在课本之内，更在学生的大脑之中。说得明白一点，就是比起阅读的成果，猜读法更强调学生的阅读能力——只有以高效的阅读能力为前提，阅读成果才能更加显著。而且，对于大部分学生来说，猜读法的难处体现在学习模式的转变上：由以往的敞开大脑被动接收，转变为主动思考梳理课本。这是一项全新的学习内容，学生们必须要经过反反复复的训练，才有可能逐步提高。因此，老师必须给予学生更多的耐心。

除了耐心之外，老师的引导也是不可或缺的。在最初进行猜读的过程中，学生们普遍都会犯下这样一种错误：找不到重点、要点，甚至根本就不明了为何要进行猜测，以及猜测的意义在哪里。因此，老师必须在引导学生的时候紧紧围绕着课本，有意识地锻炼学生的思考能力。当学生的猜测阅读能力有了一定提升的时候，老师就可以适当地放松引导，给学生更多的想象发展空间了。

第二，巧设疑点，留足悬念

之前在介绍猜测阅读法的步骤中，我们曾经提到"藏"的步骤，这也是猜测阅读的起点步骤。在这一过程中，老师要对课文当中的信息进行一定的遮掩，这种遮掩并不是随意而为，而是要根据一定的原则来进行选择。

我们首先要明确，这一步骤的出发点之一在于，通过对课文的悬念设置来吸引学生的注意力、调动学生的阅读兴趣，因此这部分被遮掩的内容，无论如何都要有足够的分量，对得起学生的关注。试想一下，当我们怀着极大的兴趣翻开一本书，却发现从中一无所获时，任何人都会感到不值得。如果老师只是随意地择取部分内容，就不免有"标题党"之嫌。

首先，这部分内容无论如何都要有代表性、重要性，这样一来才能保证学生的注意力不会被浪费；其次还有一个重点，就是这部分内容最好带有一定的趣味性。只有做到有趣，才能让学生以饱满

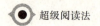

的学习热情投入对课文的关注、猜测、思考当中，这样一来，我们才能保证学生在课堂上有最大的学习收获。

第三，对阅读内容的选择

在课堂上使用猜测阅读法的要点，就在于引起学生的兴趣，学生的兴趣越大，课堂上的学习成果收效就越好。大多数情况下，一个笑话讲第二遍的时候就不好笑了。对于学生而言，那些已经知晓的内容，很难再引起自己的阅读兴趣；就算兴趣尚在，已经有了先入为主的印象之后，自己的思考和猜测空间也会在无形中受到束缚。

因此，在课堂上使用猜测阅读法的时候，老师应当尽量去选择富有趣味，而又为学生所陌生的内容。经过对课后成效的分析表明，越是令学生感到陌生的内容，越是能够锻炼学生的猜测阅读能力；而用学生已经有所了解的课文来进行训练，效果就会大打折扣。

尽管陌生的内容会让学生绕不少弯路，但从长远来看，这些弯路也会变相地起到促进学生理解、激发学生记忆的作用。即使学生在猜测课文内容的时候受挫，这种挫败也会进一步地激发他们的思考兴趣，让他们为之投入持续的热情；而且，越是这些在猜测过程当中所犯的错误，越是能够加深他们对于课文内容的正确理解。此外，在不断地犯错过程中，学生们也会不断地积累经验，在以后进行猜测阅读的时候，就能够更好地避免犯错，找准阅读的方向。

第四，"读""猜"结合，不可偏废

不论是课堂上的学习理解也好，还是平日里的闲暇翻书也罢，猜测阅读法都有一个最为基本的模式：读—猜—读。可以说，只有在读的过程中去猜，读完的收获才能更多；只有在猜完之后不忘继续读下去，猜才有了意义。

在猜测阅读的过程中，"读"仍然是最为基本的一步，这一步骤中，读者所需要了解的不仅仅是单纯的文本文字，更有包含在文字当中的各种信息。显然，单纯的文字并无猜测的意义，对信息的理解才是猜测的主要方向；只有将这些信息梳理完毕，才能建立起对整篇文本的理解认识。了解了相关信息之后就要开始猜测，要点在于牢牢围绕着已知来推断未知，并且在推断完成之后，还要结合文本当中接下来的内容，进行比较、印证。这不仅是为了验证自己的猜想正确与否，同时也能起到加深理解的作用。

以上就是猜测阅读当中的四个要点。如果能把这些要点一一掌握，老师们就可以最大限度地发挥猜测阅读法的优势，实现学生课堂学习效率的最大化。

第二节　寻读法

沙里淘金，更显其珍

在阅读的过程中可以发现，我们所重视的那部分信息，总是隐藏在浩如烟海的文字当中，如果逐字逐句地进行阅读、查找，不知要耗费多少时间。前面介绍了"一目十行"的速读法，此外，还有一种寻读法更值得所有读者采纳。

从某种意义上说，寻读法也是一种快速的阅读法，因为其在本质上就要求读者提高自己的阅读效率。但在实际的阅读过程当中，寻读法又与速读法有着很大的区别。

　　所谓的寻读法，是指读者从某些特定内容的书目中，迅速摄取自己所需要的资料的一种快速阅读的方法。在运用寻读法的时候，读者的阅读工作往往带有鲜明的目的性，并且格外注重从阅读材料中汲取自己迫切所需的知识和信息。

　　从这一定义当中，我们可以对速读和寻读做出辨别。在速读的时候，虽然我们也会强调注重关键信息，但这种关注大多数时候都是单纯地为了增进理解，以便于我们尽快完成对整篇文本的阅读；而且在速读的过程当中，我们更注重减少阅读所需要的时间，以此来提高阅读效率。因此，在某种程度上，速读的考核标准就是"短时间内的快速理解"。

　　但在寻读的过程中，读者的重点更多是放在了对关键知识信息的搜寻之上，其余的文本内容相比之下，就会显得无足轻重。这与速读当中，兼顾速度与全文的宗旨，在一定程度上是矛盾的。因此，寻读虽然也是一种快速阅读的方法，但这种所谓的"快速"，看起来更像是一种"副产品"。

　　就理解的角度而言，寻读表面上看起来，似乎并不能算得上是一个好方法。但就如我们最开始所提到的那样，阅读在本质上是对信息的获取，就连理解也必须建立在拥有足够信息的基础之上。在现实当中，我们的阅读经常会抱有各种各样的目的、有着更加急迫的需求，相比于快速阅读理解，快速阅读查找更是我们的重点工作。

　　举个例子，在我们平时的工作、学习、科研和写作当中，为了有助于我们的工作，我们经常会需要查找一些人名、地名、典故、数据之类的相关资料。尽管也有一些专用的工具书可供查阅，但仅凭这一渠道还远远不够。更多的时候，我们必须翻开浩如烟海的典籍，从文山字海当中苦苦寻找，这个时候，寻读法就派上了大用场。在寻读时，我们的两眼首先要扫过书页，同时要以最快的速度从文章中搜寻出当下所需的重要信息，如某个人名、地名、某件事发生的年月、作者的论点、论据等。在这样的情境下，除了寻读法以外，我们很难想到还可以采取什么样的办法。

从阅读方式来看，寻读法很容易与我们平日里所说的掠读相混淆，事实上两者也确实有许多类似之处。寻读法与略读法都允许读者适当地进行跳跃，忽略文本当中一部分无足轻重的文字，但略读的出发点却是为了抓住文本的大概，了解其内容大意，从而实现快速阅读。但寻读却始终立足于对关键信息的获取，更具针对性。

因此，单从查阅的角度来讲，寻读法毫无疑问是一种最为简单、快捷的阅读方法。不仅可以帮助读者快速定位阅读目标，找到自己急迫需要的资料，而且可以帮助读者压缩一定的阅读量，节省一定的阅读时间，避免了阅读当中的"浪费"。有句话叫作"时间就是金钱"，以此来推论的话，寻读法对读者不仅意味着能够在书本中沙里淘金；通过寻读来节约时间，本身就比黄金更弥足珍贵。

不要混淆寻读与掠读

在日常生活与工作中，寻读法是一种效率极高的阅读方法，因此非常值得读者采纳。但也有很多人会对寻读产生错误的理解，把它与掠读画等号。事实上，两者之间不论是目的还是方法，都有着很大的不同。

表面看起来，两者都是一种跳跃式的阅读，但是实际的阅读当中，两者的阅读前提却不尽然。一般而言，在掠读的时候，读者事前对文本信息的内容其实并不明了，掠读的目的就在于通过快速阅读的方式，来对文本信息有一个整体的了解与把握；而寻读要么是建立在读者已经对材料有所了解的情况下，要么就是读者带着一定的目的性，从文本当中迅捷地寻找自己所需要的信息。因此，寻读不仅要求读者有一定的阅读速度，还要有足够的准确性。具体来说，寻读需要带着一定的目的性，去将一段文字映入大脑，而不必逐一阅读理解。寻读的时候，大部分的内容都可以快速跳过，只有在发现相关内容之后，读者才需要稍作停顿，将这部分内容摘录或者记录，以此兼顾速读和准确度的平衡。

由于出发点不同，寻读和掠读的方法也不同。在掠读的时候，人们多半没有明确的方向，仅仅是在拿起书本之后，怀着各种心思去阅读，因此，他们的阅读能够带来何种收获，也难以讲明白。譬如，某人因为一时无聊翻开一本报纸，随意地快速浏览，由于只是为了消遣，在阅读完报纸之后，他既有可能从书中找到了一些有趣的、对自己有用的信息，也有可能一无所获。这样的无心之读就是名副其实的掠读。

而寻读我们已经讲过了，它是一种带有明确目的性的阅读方法。即便读者对手头书本当中的内容是全然陌生的，但很多时候，书本当中也必然有着能够满足读者某些需求的内容。这是因为，寻读的出发点很多时候，就是为了从书本当中摘取能够解决自己当下困扰的信息，因此在进行正式的阅读之前，读者们首先要做的就是对书本进行筛选。比如，读者需要寻找某人的电话号码，那么他肯定会拿起电话簿，而不是其他社科类的图书。在翻开电话簿之后，读者更不会注意翻阅，而是会根据被寻找人的姓名等信息，找到相应的版面去搜寻。因此，从阅读收获的角度来看，寻读的效率无疑是远远高于掠读的。

因此，当我们在进行阅读的时候，也要对自己要选择的阅读方式有明确的认识。当我们带着明确的阅读需求，就应该选择寻读；如果只是为了求快，除此之外并没有其他的阅读需求和想法，就可以用掠读这种阅读方式。

不仅是寻读，掠读还很容易与其他的阅读方式产生混淆，因此，掠读也是一个经常被人们理解错误的词。其实我们还可以通过阅读的几个阶段，来对各种阅读方法做出区分。以寻读而言，寻读虽然重在获取信息，但这种阅读方式也会建立在一定的理解基础之上，而掠读更多的时候是无所用心的状态。以上这些，就是掠读与寻读以及其他阅读方法之间的一些差别所在。

寻读的基本要求之一——明确目标要求

在谈论这个话题之前，我们可以试着先从宏观的角度上，为读者们分析一下一本书或者一段文字当中关键信息的意义。不论是哪位作者，在他笔下的文字当中，必然会寄托着自己的种种思想感情、观点认识，这是隐藏在一本书或一段话背后的真正要点。正是为了对这些要点进行论述，作者才不得不借助文字和各种符号的形式来加以表达、阐述。因此，文字符号就是信息的载体。

在这样的认识基础上，我们得出关于寻读的另一个结论。寻读法，在本质上更侧重于文本的信息获取，同时也是阅读最为基础的阶段。寻读的主要目标就是作为信息载体的文字，因此我们就可以把寻读的过程，理解为读者对信息载体进行分析、概括、判断、组合、提取，并从中筛选出关键信息的过程。

从这一结论中我们可以发现，寻读表面上看起来无非是人们所讲的"跳着读"，但实质上，这一过程考验的不仅是读者的眼力，对于读者的逻辑思维能力，也提出了一定的要求。因此，每一位读者都不能大意，而应在往后的阅读当中反复练习，不断提高寻读能力。

作为一种技巧性的阅读方式，寻读法的运用也有着几项重点要求：明确目标要求、认识信息定位、掌握知识技能。读者只有在寻读的过程中，重点把握这三项基本要求，才能更加高效地掌握书本的关键信息。其中，明确目标要求是寻读法的起始点，脱离了这一点，寻读就成了无稽之谈。

在实际当中，每一位读者的阅读目的都不一样，即使是在运用寻读法的过程中，个人的出发点也有很大的不同。按照阅读的方式来看，寻读一般情况下可以分为两种：自主确定寻读和命题寻读。所谓自主确定寻读，一般都是读者在不受任何约束与限制的情况下，自由地翻开书本，完全根据自己的阅读兴趣和目标，从书本中获取自己想要的信息；而命题寻读则不然，命题寻读一般都会对读者做出明确的限制，最常见的就是我们在上学阶段做过的阅读理解题。此外，还有一些读者是带着强烈的目的性去阅读，又或者在阅读的过程中，会根据作者的要求或提示，对书中的内容做出一定的扬弃。这种寻读法也可以看作是命题寻读的一种。

但不论是哪一种寻读方式，都有着一条基本的阅读准则：明确自己的阅读目的，准确把握目标和要求。如果事先不明确这一点，等到了阅读的过程中才进行选择，难免会像狗熊掰棒子一样，捡一个、漏一个，最终一无所获。

在《旅鼠之谜》当中，有这样一段话：

"不会的，大自然是要进行干预的。"他把本子收了起来，望了一眼那个盛老鼠的纸袋子，"实际上，旅鼠并非每年都大量繁殖，而是有节制的，并且有丰年和歉年之分，大约四年一个周期。在平常年份，旅鼠只进行少量繁殖，使其数量稍有增长。而在歉年或叫作小年当中，它们的计划生育很严，甚至可以使其数量基本上保持不变。只有到了丰年，当气候适宜和食物富足时，它们就像听到一声令下，齐心合力地大量繁殖起来，使整个种群的数量急剧地膨胀。一旦达到一定的密度，例如一公顷有几百只，奇怪的现象就发生了：这时候，几乎所有的旅鼠一下子都变得焦躁不安起来，它们东跑西颠，吵吵嚷嚷，永无休止，停止进食，似乎大难临头，世界末日就要到来似的。这时的旅鼠不再胆小怕事，见人就跑，而是恰恰相反，在任何天敌面前它们都显得勇敢异常，无所畏惧，具有明显的挑衅性，有时甚至会主动进攻，真有点天不怕地不怕的样子。更加难以解释的是，这时候，连它们的毛色也会发生明显的变化，由灰黑变成鲜艳的橘红，使其目标变得特别突出。所有这些奇怪的现象加在一起，唯一可能而且合理的解释是，它们千方百计地去吸引像猫头鹰、贼鸥、灰黑色海鸥、粗腿秃鹰、北极狐狸甚至北极熊等天敌的注意，以便多多地来吞食它们。这与自杀没有什么区别，就像第二次世界大战中日本的敢死队差不多。"说到这里，他忍不住哈哈大笑起来。

让我们试着进行寻找、筛选这段话中的重要信息。

1. 旅鼠的繁殖是有节制的，四年一个周期。

2. 旅鼠的繁殖分为丰年和歉年。

3. 平常年份时，旅鼠的数量增长很小；歉年的时候数量几乎不变；丰年的时候则会急剧攀升。

4. 丰年的时候，每公顷土地上的旅鼠数量，可以高达数百只。

5. 繁殖数量暴涨之后，旅鼠族群所出现的各种"异常"表现。

以上这些信息，都是这段话中的重点内容，但具体来看，侧重点又不相同。有的信息重在阐述旅鼠繁殖时间的周期规律；有的信息重在讲解不同时期内旅鼠的繁殖特征；有的信息重在通过数据来准确说明；有的信息内容则主要讲述旅鼠在疯狂繁殖后的异常。如果我们提高自己的阅读视角，从整篇文章的角度来看，又可以看到这一段长篇大论，主要是为了引出接下来对旅鼠自杀的描述。

从中我们不难看出，当读者们抱着各自不同的目的去阅读的时候，所能够得到的信息也是不同的；如果读者事先没有确定自己的寻读目标和方向，只是翻开书本一味快速浏览，最有可能出现的结果就是一无所获。为此，读者在进行寻读之前，一定要最大程度地明确自己的阅读目标，这样才能实现高效寻读。

寻读的基本要求之二——认识信息定位

根据之前的论述，任何文字符号都是作者表达情感与观点的工具，文字符号作为这些内容的载体，本身就承载了一定量的信息。但是，在这些纷杂的信息当中，有许多信息只能称得上是旁枝末节，并不需要读者分出精力去寻找、理解。在信息定位这一项要求当中，读者所要做的就是尽可能地准确分辨，找出自己真正需要重点把握的内容。

一般而言，书本中的文字符号所传输的信息，都会包括概念语意、思想观点、内容材料这几个方面，尽管读者们可以把这些内容一一提取，但要判定它们是否有用，也不是一件容易的事情。

例如《时间简史》的导言最后一段："霍金着手回答爱因斯坦著名的关于上帝在创生宇宙时有无选择性的问题。正如霍金明白声称的，他企图要去理解上帝的精神。这使得迄今所有努力的结论更加出人意外：一个空间上无边缘、时间上无始无终、并且造物主无所事事的宇宙。"从这一段话中，我们就可以提炼出好几条信息。

1. 霍金在书中要回答爱因斯坦的一些问题。

2. 霍金重在去理解"上帝的精神"。

3. 霍金眼中的宇宙特性（空间上无边缘、时间上无始无终、造物主无所事事）。

在以上的这段话中，这三条信息是最为明确的。但是，尽管这些信息都已经被我们提炼出来，但单纯地依靠这些内容，读者很难轻易断定哪些信息必然有用，哪些又是完全无用的。此外还有一些相对不起眼的信息，比如"宇宙创造的选择性""迄今为止出人意外的结论"……这些信息是否是读者所需要的，也需要仔细地辨别。

因此，在寻找文本关键信息的时候，读者也需要按照一定的方法。寻读的关键就在于对信息的准确定位，其中，文字的组合规律就是一条便捷高效的途径。任何一篇文章的内容，都是按照由字到词、由词到句、由句到篇这样的顺序，从小到大组合构建而成。其中，构成内容的关系不外乎并列、承接、总分、因果、主从、转折、目的这几种。如果我们作进一步的总结概括，更可以将其大体归纳为联合关系与偏正关系。以"正"的内容作为我们阅读的中心，把"偏"的部分作为辅助理解的内容，我们就可以把文本当中的全部信息，归纳为中心信息和辅助信息两部分。

当我们把书本的内容用这种简单的方式做出划分之后，那些原本隐藏在文本当中的信息就一目可辨了。尽管在每一句、每一段、每一章节之中，信息都无处不在，无处不有，但我们可以根据信息之间的关系，再结合寻读一开始所确定的大致内容和方向，对信息逐一筛选，就可以提炼出对自己最为迫切的那部分信息了。

寻读的基本要求之三——掌握知识技能

寻读法有两大标准，一是准确，二是高效。但每位读者的阅读量大多有限，当翻开一本全然陌生的书籍时，寻读工作的效率也就相对有限。为此，读者们还必须掌握一定的寻读技巧。

从筛选信息的角度来看，寻读的技巧主要有三种，依据文章的组合规律寻找信息、根据信息间的关系明确主次、整体把握宏观搜索。这三种方法的切入点虽然不同，但加以善用，都能够对寻读起到很大的帮助作用。

第一，依据文章的组合规律寻读

不同的文章会采用不同的叙述方式，比如总分总、总分、分总之类。根据叙述方式的不同，文章的主要观点和重要信息的分布也会不同。只有先明确了文章的结构框架，才能够"顺藤摸瓜"，准确把握文章的重点。

比如鲁迅的《中国人失掉自信力了吗》一文，作者先是承接题目，列举了从两年以前到现在，国人由自夸地大物博到期盼国联，再到求神拜佛的现状，指出表面上看起来，国人的自信确实是荡然无存；接着又继续深入，指出按照这样的逻辑，国人根本就没有信过自己，因此，国人从始至终，根本就不曾有过自信；既而明确点出，国人一直以来发展的其实不过是自欺力，而非自信力。

在论述完以上观点之后，鲁迅却再次话锋一转，从"然而，在这笼罩之下，我们有并不失掉自信力的中国人在"这一句话，才开始表达自己真正想要表达的观点。在接下来的篇幅中，鲁迅明确指出，无论到了何时，中国总会有一批铁骨铮铮的民族脊梁站出来，为了家国大义而奋斗，因此，人们最多只能说有一部分人丧失了民族自信，但却绝不能说全体国人都丧失了这一份自信；最后，鲁迅又发出了振聋发聩的呼声，表示要看国人的自信是否还在，不能只看表面，而要看他的背后。

通过以上分析我们不难看出，在这篇文章当中，作者鲁迅是把自己的观点放到了最后，之前的所有论述只是欲扬先抑，为了给读者留下更大的反差。看懂了这种论述方式，我们就可以把主要精力集中在文章的后半部分，着重寻找鲁迅的真实观点。

当然，也有一些文章是把主要观点放在一开始，在接下来的文字当中，主要围绕着前文的观点进行阐发。这个时候，读者们又必须注重文章，甚至是段落的前半部分，因为主要观点往往就隐藏在这里，例如罗素的《我为何而生》一文就是如此。所以说，读者要想通过寻读来快速把握文章，就必须先对文章的结构框架有大致的了解，这样一来，就能够更加准确地抓住要害。

第二，明确主次信息之间的关系

在一篇文章当中，可能同时包含有许多信息，但这些信息却有着主次之分。为了准确地明白作者想要表达的意图，就必须通过寻读来找到最为关键的信息。这个时候，读者就必须对各种信息之间的关系进行分析概括，并加以厘清。这样就可以更加明确信息的定位，更加准确地筛选出自己所需要的信息。

例如，在《纪念伏尔泰逝世一百周年的演说》的开篇，作者雨果是这样写的：

"一百年前的今天，一颗巨星陨落了。但他是永生的。他走的时候有长寿的岁月，有等身的著作，还挑起过最荣耀的、也是最艰巨的责任，即培育良知，教化人类。他受到诅咒、受到祝福地走了：受到过去的诅咒，受到未来的祝福。先生们，这是荣誉的两种美好的形式。在他弥留之际，一边有同时代人和后代的欢呼和赞美，另一边有对他怀有深仇大恨的旧时代扬扬得意的嘘叫和仇恨。伏尔泰不仅是一个人，他是一个世纪。他行使过一个职能，他完成过一个使命。很显然，他生来就被选定从事这件借助他在命运的法则和自然的法则中最高尚的愿望所完成的事业。他活过的八十四年，经历了登峰造极的君主政体和曙光初现的革命时代。他出生的时候，路易十四还在统治，他死的时候，路易十六已经戴上了王冠。所以，他的摇篮映照着王朝盛世的余晖，他的灵柩投射着大地深渊最初的微光。"

这一段话包含着极为丰富的信息：首先交代了伏尔泰逝世至今，已有整整一百年；接着交代了伏尔泰一生所做的主要贡献；接着又讲到伏尔泰一生受到的欢迎和诋毁，并指出这都是伏尔泰毕生的荣誉；接着，雨果又概述了伏尔泰经历的年代；最后，面对着全体听众，雨果对伏尔泰做出了最为高尚的评价。

虽然这是一篇悼念性质的演说文，而非平时常见的议论文，但在这段话中，同样有着关键信息与次要信息。我们可以很轻易地看到，不论是对伏尔泰逝世的缅怀也好，还是对他的成就的回顾；不论是介绍伏尔泰所获得的荣誉也好，还是叙述伏尔泰的生卒年表也罢；这些都是为了激发起民众对于伏尔泰的深切感情，进而为自己对伏尔泰的高度评价提供最为坚实的依据。

在演说文中是这样，在那些说明性更强的文章当中，这种信息之间的推进关系会表现得更加明显，最终推导出来的结论，也会更加重要。因此，在寻读的过程当中，读者们应该对各部分信息的关系进行准确的了解与认识，从而明确何为辅助信息，何为中心信息。这样，在厘清了信息的主次关系、明确了信息的定位后，再从众多的信息中寻找需要的信息，就会变得更加容易、准确。

第三，整体把握宏观搜索

有的时候，有些作者也会非常"狡猾"，在文章当中故布疑阵，让读者如坠云里雾里，摸不着头脑。尽管寻读法在一定程度上，可以避免读者被作者误导，但如果运用不当，仍然有可能一头掉入作者挖的坑里。因此，在运用寻读法的时候，读者要切记不可轻易下结论。

很多时候，我们被一些文章开篇的重要论点所迷惑，把它视为整个段落甚至是整篇文章的中心论点，但事实上却并非如此。想要更好地寻找关键信息，就必须建立在对文章全盘了解的基础之上，这样才能避免断章取义、误判关键。因此，在使用寻读法的时候，读者最好是把整篇文本都快速浏览一遍，在这种全面了解、整体与部分相互结合的基础上，去精准地寻找信息。

例如在培根的《论读书》中有这样一段话："读书足以怡情，足以傅彩，足以长才。其怡情也，最见于独处幽居之时；其傅彩也，最见于高谈阔论之中；其长才也，最见于处世判事之际。练达之士虽能分别处理细事或一一判别枝节，然纵观统筹、全局策划，则舍好学深思者莫属。读书费时过多易惰，文采藻饰太盛则矫，全凭条文断事乃学究故态。读书补天然之不足，经验又补读书之不足，盖天生才干犹如自然花草，读书然后知如何修剪移接；而书中所示，如不以经验范之，则又大而无当。有一技之长者鄙读书，无知者羡读书，唯明智之士用读书，然书并不以用处告人，用书之智不在书中，而在书外，全凭观察得之。读书时不可存心诘难作者，不可尽信书上所言，亦不可只为寻章摘句，而应推敲细思。书有可浅尝者，有可吞食者，少数则须咀嚼消化。换言之，有只须读其部分者，有只须大体涉猎者，少数则须全读，读时须全神贯注，孜孜不倦。书亦可请人代读，取其所作摘要，但只限题材较次或价值不高者，否则书经提炼犹如水经蒸馏、淡而无味矣。"

在这段文字中，作者一开始就对读书的好处大加赞扬，甚至还对各种好处的体现都进行了说明。看到这里，很容易让人把这些看作是文字的重点。但在接下来的文字当作，作者又话锋一转，把论述的内容转向了"如何才能读好书"这一论点。尽管开头的几句也颇有分量，但和后文的内容相比，就显得不是很重要了。如果读者不加详辨，很可能就会做出错误的判断。

因此，有人总结了这样十六字的寻读口诀："宏观着眼，整体把握，微观入手，相互结合。"这句话对于任何一位读者来说，都值得谨记于心。当我们翻开一本书的时候，也要有这样宏观的眼界，这样一来，不论是使用何种阅读方法，都能够更加高效地完成对书本的阅读和理解。

跳出书本的范畴去寻读

在我们的日常工作和学习中，寻读法也经常需要用到，这都有赖于寻读法的迅速、高效。也许我们并没有注意到的是，即使是抛开书本不谈，在生活当中的其他方面，我们也经常会运用寻读法来解决疑难。

例如，当我们在辞典中查阅某个字词的意义或读音时，我们的查阅步骤一般都是这样的：首先，我们需要通过拼音或者偏旁笔画，检索出该字词被归入哪一类中（同类拼音或者同一偏旁）；然后，再在同一类的文字当中，找到我们所需要查阅的字词，并找到相应的页数；最后，我们才能准确地翻开这一页，查找到与该字词相关的内容。这一过程同样可以看作是寻读。

又比如，我们要在报纸上查看当天的某些重要新闻、了解想看的电视节目。这个时候，把报纸从头到尾地看一遍显然太过费时、费力。尤其是有些报纸由于内容太多，版面往往会设计得特别大，要在其中细细查找，简直让人苦不堪言。这个时候，我们又可以借用寻读来跳开那些烦人的无用文字了。

尽管当今时代的报纸多种多样，发行日期也大有不同，但在内容的排版设置上，还是要遵循一定的原则，就大多数报纸而言，它们都会依据一定的类别对整个版面进行划分，比如国内是一块、国外是一块；又或者养生是一块、艺术是一块……对于这种井井有序的划分，读者们根本无须逐一翻阅，只需要大致浏览版面和标题，就可以查找到自己想要的信息。

再比如，当我们新拿到一款电子设备（手机、电脑）或者当这类设备出现故障的时候，为了熟悉设备或者解决故障，我们就不得不先拿出说明书，了解我们所需要的信息。这个时候，也是寻读法大展身手的时候。如果我们想要了解设备的安装程序或使用方法，我们就要着重寻读说明书中有关产品使用的说明部分；如果是想要解决故障，我们就应该跳过那些无用的部分，直接找到"常见故障"或者"注意事项"，对这一部分再次寻读，找到我们所要解决的问题那一栏。

这种种场景当中的阅读，都可以算作是寻读，尽管作为当事人的我们，甚至在完全没有察觉的情况下，就已经自觉或不自觉地对寻读法进行了运用。可以说，寻读法早已脱离了书本的范畴，走入了我们的生活当中。为了更好地进行介绍，在接下来的部分，我们会以药品说明书的阅读为例，讲解寻读法的实际运用。

第三节　跳读法

让眼睛和大脑跳得更好更准

在一次高效的阅读当中，读者们不仅眼睛要快，眼睛与大脑的互动也要快，因此我们完全可以说，眼睛与大脑结合的速度，就是高效阅读的速度。尽管读者面对的文本信息总是浩如烟海，但更多的时候，他们从中需要获取的、能够获取的，仅仅是一小部分信息。为此，读者们只有不断提高自己的阅读速度（或者说是眼力与脑力），才能让阅读更具效率。

现在我们已经知道，在快速阅读的时候，我们的眼球也在进行跳动，但只有在眼球停下来的间歇，我们的大脑才能够接收信息。因此，我们的眼球停下来的时候，注视点放在什么地方、注视时间控制在多长时间以内、注视焦点和范围与意识焦点和范围是否同步……这些都会影响到我们的阅读效果。为了让眼睛和大脑更加协调，读者在阅读的时候，就要让眼睛和大脑跳得更好、更准确。

所谓跳读是这样一种阅读方式：在阅读时，读者的眼球并不会对全部信息注意扫描，而是有所取舍，呈"跳跃式"地前进。这一过程中，读者可以有意识地跳过那些无关紧要的句段或篇章，只需要抓住文本当中的关键性材料即可。跳读的要点就在于，读者是通过省略次要、紧抓主要的方式，来加快大脑对文字的反应速度，在阅读的时候，必须要保证阅读速度与思维过程处于同步运行的状态。最常见的就是在阅读新闻时的跳读：读者甚至只需要略微看一眼标题，就可以知道文字中的关键信息。

尽管在各种快速阅读的方法当中，也有兼顾整体、全面浏览的扫读法，但相比之下，跳读仍然有着不可取代的作用。不同于逐页扫视的扫读法，在跳读的时候，读者可以——又或者说是必须——去略去部分文字和内容，只摘取文本内容当中，最为关键部分的信息。

表面看起来，跳读无非是节省时间的又一读法，但事实上，跳读的作用还不仅是能够提高阅读速度。跳读是一个有详有略的过程，因此在进行阅读的时候，读者更容易对那部分关键信息留下深刻的印象、进行深入的重点理解——这才是跳读更为高效的深层次原因。

从意义上看，跳读就在于在阅读当中，通过眼睛和思维的大幅度跳跃，舍弃文本当中非本质性的旁枝末节，捕捉本质信息，进而形成新的思维流程。因此，跳读不仅仅是一种简单的阅读方法，同样是一种更加精准地理解文本的阅读方法。与此同时，单是针对"理解"二字，我们也可以对跳读法有更加深刻的认识。

哪些地方不能跳

既然理解也是跳读法的要义之一，那么我们大致也可以明白，跳读绝不是一种随着读者个人意志的阅读方法，而是要对所阅读的文本信息做出准确的把握。因此，在运用跳读法的时候，任何人都不能随心所欲地跳读。比如对于文本之中的关键内容，读者非但不能一晃而过，还必须保证自己的眼球和思维能够准确降落到这个点上，这样，才能让跳读法发挥出真正的作用。

换言之，在跳读的过程当中，那些关键信息就是我们无论如何也不能忽略的。就像在跨栏运动当中，运动员不仅要保证用时最短，还要保证成功越过每一道障碍。每一位运动员都必须准确地在障碍前起跳，才能成功跨越障碍物。也只有借助每次起跳前的准确发力，跨栏的结果才能更加理想。

把跳读法放到阅读当中也正像是这样。书中的那些旁枝末节信息，对于读者而言就是障碍物一样的存在；读者所要做的就是，让自己的眼睛准确落在关键信息之上，这样才能更加准确地理解文字内容。每一个关键信息就像是起跳点，读者在阅读的时候务必做到一个不漏。

在跳读法的实际运用当中，只有准确找到"起跳点"，阅读效率才能更加明显。这些"起跳点"一般主要是以下五种。

第一，以标题，小标题，黑体字作为"起跳点"，进行快速的跳读

许多读者在拿起一本书以后都会直奔主题，对于目录和前言却很少浏览。但事实上，这种做法却是极其失策的。早在书本的排版印刷环节，出版商们就已经为读者们提供了快速阅读的基础。当今市场上，绝大部分的书籍目录都列有章节标题，也有一部分书会使用特殊的字体，来突出内容当中的重要信息，如定义或者结论等；还有的书则更加明显，直接在文章前后用方框框出要点……这些被特殊标注的地方，几乎都是作者重点阐述、需要读者留心的地方，往往是全书、全章、全节的主题和中心所在。

因此，为了更快地理解作者在书本当中所要表达的信息，读者完全可以先跳过那些无关紧要的信息，只读这部分最为重要的概括性内容。尤其是很多时候，读者在将一本书通篇读完之后，都提炼不出什么有用的关键信息，读这样的书完全是一种浪费时间。通过

跳读，读者就可以在最短的时间内，对整本书的内容和价值有一个大致的了解认识，更能够以此来判断是否有必要细读这本书，或者精读其中的一部分章节内容。

第二，着力于文章当中的关键词进行跳读

不论作者在书中如何长篇累牍，最根本的观点仍然需要精准阐发。而这些用于明确表述观点的词汇，毫无疑问就是最为重要的关键词。因此，在跳读的时候，读者可以有意识地辨别、寻找这些关键词汇，这样，就可以避开被其他语句误导的可能，更加准确地理解作者想要表达的意图。

当然，有的时候读者进行阅读，只是为了获取一部分与自己相关的、特定主题的信息，这个时候，不论书中的主要论点为何，读者们都必须从自身需求出发，来准确定位自己的目标。也就是说，任何一段文本当中的关键词，都不是百分百固定的，而是随着读者的真实需要不断变化的。因此，读者应当从自身的角度出发，重点寻找那些与自己所需要的同特定主题有关的词语，把搜寻这些信息放在阅读工作的首要重点；对于文本当中的其他段、句、词，则可以暂时忽略掉。

根据这一跳读当中的侧重点，我们也可以把这一方法命名为"关键词跳读法"，这种方法不论是在查找文献资料的时候，还是在对重要信息进行梳理的时候，都可以起到很大的帮助。而且，不仅是在跳读之中如此，在其他一些速读方法当中，以关键词作为切入点，往往也都能使阅读的效率明显提升。可以说，抓住了关键词，阅读也就变得十分轻松。

第三，跳过中间，阅读首尾句

为了更好地说明自己的观点和意图，许多作者在写作的时候，都会把最为重要的信息放在最显眼的地方，以便读者能够快速、准确地把握。而在一段文字当中，最为显眼的地方就是句首和句尾了。

通常情况下，大部分书本都是这样的框架，尤其是在那些以说明和议论为主的专业性书籍当中，作者都会采用这样的结构框架。我们可以很轻易地发现，在这些书籍的一段话中，开头的第一句话经常是纲领性的观点论述，接下来的中间内容则是对观点的展开、推理、举例说明或者补充；到了段落的最后，作者又会对之前内容加以小小的总结，或者承上启下，为接下来的论述指明方向。

明白了这一点，在阅读的时候，读者们就可以好好跳跃，着重阅读那些最有可能隐藏着关键信息的句子了。具体来说，就是要么只读段落的首句，要么只读段落的尾句，或者只读首句和尾句。通常情况下，这种"首尾句跳读法"可以使读者迅速找到整篇文本当中的中心要点。

当然，如果是在那些故事性比较强的文字当中，这种跳读首尾句的方法就显得不是那么合适了。而且这样一来，阅读也很容易失去趣味性，反而违背了读者翻开这类书的初衷。首尾句跳读法，主要还是运用在那些内容更为专业，结构更为清晰、叙述更为严谨的文字当中，更能够发挥出应有的作用。

第四，参照句子的语法结构进行跳读

有一些作者在写作的时候，思维比较发散，以至于读者们在阅读的时候，也会觉得格外辛苦。所幸的是，不论作者本人意图如何，下笔之时，语法总会对他们造成一定的限制。因此，读者们可以根据语法结构来准确把握重要文字信息。这种跳读法可称为"语法结构跳读"，在具体的操作运用中，又有两种不同的方式。

第一种方式我们可称为"结构词跳读"，是把一段话中的连词，或者段落中的结构语作为跳读的重点，最常见的就是"由此可见""这就表明""我们可以认为"一类。通常情况下，作者都会运用这些字词，来引出自己所要重点表述的观点和思想。如果能够在阅读中注意这些地方，读者就可以把握全书的纹理脉络。

第二种方式可以叫作"中心语跳读"。从构成来看，一个段落当中，通常都包含着中心语、修饰语、补充语等各种语句，这些语句的作用不一，重要性也不一，但中心语毫无疑问是最为关键的信息所在。因此，读者在跳读的时候，就应当重点阅读段落当中，概括各类词语的中心语，其他部分则可以相对忽略。这样一来，阅读过程中就可以省下很多的精力。

相比于"首尾句跳读法"，这种以语法结构作为切入点的跳读要更为准确一些，适用范围也更广。因此，这也是一种大力推荐的跳读方式。

第五，尽情浏览，随意跳读

这种方法我们不妨命名为"随兴跳读法"，显然，单是从名字上我们也可以看到，这是一种有着很大局限性的跳读方法。这种跳读方法的好处在于，任何一位读者都可以从自己的兴趣出发，或是沿着自己的思路来寻找文本当中的关键信息，不受文字内容的束缚。通常情况下，查找资料最常用的就是这种方法。

但这种跳读法也有一个很大的缺陷，就是在阅读过程中，读者经常会漏掉那些有价值的、但读者当下还没有产生兴趣的信息。这些信息很有可能是整本书中最为精华的内容，也是最值得读者去把握的内容。因此，这种跳读法更适合在迫切需要寻找相关资料的时候使用。

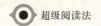

以上，就是跳读过程中的几个"起跳点"，也可以看作是跳读的五种基本方法。如果在跳读的时候连这些地方也一并跳过，跳读就真正成了没有任何意义的走马观花。因此，读者一定要注意把握好这些跳读要点。

跳跃的好处

概括来讲，我们可以给跳读法做出如下定义：为确保重点和速度，对于某些暂不需要或一时难以弄懂的内容，跳跃而过、直接读下去的一种读书方法。从定义中，我们很容易能看出跳读法的便利之处。

跳读的第一个好处就在于，读者可以不受次要问题的影响和纠缠，能够专注于阅读、获取最为重要的文字信息，进而提升自己的阅读速度，节省更多的时间。事实上，这种跳读法也是许多名人都会采用的阅读方式。

东晋时期的著名田园诗人陶渊明，曾经提出过一种"不求甚解"的读书方法，近代著名的思想家鲁迅先生，对此又有了进一步的发挥。鲁迅先生曾经指出："若是碰到疑问而只看那个地方，那么无论到多久都不懂的，所以，跳过去，再向前进，于是连以前的地方都明白了。"

鲁迅的这种跳读法有一个明显的好处，就是在阅读的时候，能够保证自己把精力放在对原著的整体理解，以及最重要的内容上。尤其是在那些专业性较强的书本当中，各种信息错综复杂，对于外行的读者来说，错误的阅读方向很有可能导致理解上的重大偏差。

跳读的第二个好处在于，读者可以在短时间内接触更多的材料，借此把文章的关键点衔接起来，有利于思维的发展和变通。这一好处主要是就理解而言。

许多读者在阅读的过程中，都曾经遇到过这样的情况：由于某一部分内容晦涩难懂，自己即使反复思量，也始终无法想得明白。但如果自己跳过这一部分接着往后看，然后再回过头来咀嚼思考，就很容易理解透彻了。甚至于有时候只要往后再读一句，就能够豁然开朗。这种现象正好说明了跳读的积极意义。

如果硬要分析其中的原理，我们首先就可以从文章的结构上找到原因。由于作者个人的想法和文笔等原因，书本当中难免会有一些突然把人难住的地方，但是，任何一段话的内容，彼此都是相互联系、互为说明的，那些卡壳的地方，很有可能是因为我们只看到了一半。如果我们能够在接下来的内容中寻找到与之相关联的信息，自然就可以融会贯通，使通篇文本了然于胸。

跳读法的第三个好处在于，它能够培养读者从实际需求出发、准确定位目标、主抓关键目标、避轻就重地选择和处理信息的能力。这不仅仅是就读者当下的阅读而言，对于读者以后的阅读，同样是裨益无穷。

阅读的过程同时往往是思辨的过程，这一期间，读者的注意力也应该保持高度的集中。但事实上是，阅读的时候，许多读者的理性思维，很轻易就被庞大的信息文字冲击得溃不成军。他们要么是在搜集信息的过程中分散了注意力，要么就是理解错了书中的重要观点，这样的阅读效率无疑是低到了谷底。

尽管跳读法的运用也会伴随着遗漏信息的风险，但如果是经过长期的跳读锻炼，反而能够提升读者的阅读理解能力。在运用跳读法的时候，读者能够以更加潇洒的心态和宏观的视角去看待文本信息，这样就可以更多地避免因一字一句一段而钻牛角尖。同时，这

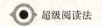

种有详有略的阅读方法也能为读者节省一部分精力，不至于在还没有翻阅到关键信息之前，就已经感到了阅读的疲累。

大致来讲，跳读法的好处就是以上三点，每一位读者都可以根据自己所需阅读的材料，来决定是否运用这种阅读方法。如果真的需要运用跳读来解决疑惑，就需要注意其中的几个步骤了。

跳跃的节奏要如何掌控

漫无目的的跳读法之前有过介绍，但这种方法显然不是最为可取的。跳读法和其他阅读方法一样，也需要按照一定的步骤来合理推进，这样读者才能最大限度地把握文本信息。一般来说，跳读的步骤主要可分为三步。

第一，不懂则跳

从某种意义来看，阅读方法中也能够看出一个人的性格差异。有的人在阅读中一旦遇到障碍，就非要攻克不可，他们绝不容许自己用任何理由纵容自己；而有的人却相对洒脱，遇到不懂的地方就不慌不忙地跳过，留待往后再去思考。很显然，跳读法就是要求读者们学会洒脱。

需要指出的是，跳读并不意味着读者可以将那些难啃的内容统统放弃不管，只是要求读者明白轻重缓急。即便是在跳过那些暂时不看的信息的时候，读者也应该拿起笔或者本子，把这些疑难之处加以标记。很多读者尽管在最开始跳过的时候，还能够记住自己的疑惑，但随着阅读的持续进行，许多问题就被他们抛诸脑后了。这种断断续续的理解必然会在一定程度上，割裂自己对于整本书籍的理解，因此需要特别加以注意。但凡是那些看不懂或者难以定论的地方，读者都可以先记下来，然后在接下来的阅读当中，有意识地进行对照、理解；又或者在把文本整体阅读完以后，再回过头来思考、印证。

第二，在持续的阅读中把握重点

很多读者都有过这样的体验，那些让自己百思不得其解的内容，往往再稍微往后读一下，就能够结合上下文，得出明明白白的解释。稍微夸张一点地说，只要我们读下去，就几乎没有什么难点能够困扰我们。

但是考虑到文本信息数量的庞大，许多时候，那些能够帮助读者解答之前疑惑的信息，也会被放置到相对较远的部分，需要读者们在阅读时，适当地忽略之间的部分内容，更加准确地寻找重点。这就是跳读第二步骤当中的要点。在进行跳读的时候，读者要把主要精力都用在寻找要点上，以此来掌握文章的主要内容，或是自己所需要的信息、材料。

第三，回头审视

在跳读完整篇文本、找到了关键的信息之后，读者不能就此放下书本，而要抓紧时间在脑海中梳理一遍自己的思路，回过头来重新审视之前的疑惑。只有做到这一步，跳读才能算是完美落幕。

有句话叫作打铁要趁热，在阅读刚刚结束的时候，读者的大脑也一样处在活跃当中，这个时候最适合去再次思考了。有了对全篇文本的整体把握，和更加清晰的思维脉络，读者更容易突破之前的思维桎梏，让自己豁然开朗。

由于有了之前的阅读基础，在进行二次思考的时候，读者往往只需花较少的精力，就可以解决疑难问题，甚至在阅读进行的过程中那些看起来难以破解的问题就已经迎刃而解。

以上就是跳读的三大步骤，在阅读当中，它能够为每一位读者都提供强大的帮助。但要想熟练地掌握跳读法，读者也需要在阅读中不断地进行锻炼，反复提高。

如何跳读一本书

跳读法可以说是一种极其实用的阅读方法，尤其是在读者既不是为了搜集信息解决任务，也不是闲着无聊打发时间的情况下，跳读就更加适合读者采纳。通过运用跳读，读者就可以在节约时间的同时，建立起对书本更加全面的认识，学到更多有用的知识。在这里，让我们试着以书本为例，向读者讲解跳读的一些要点。

相比于阅读短篇材料，在阅读书本的时候，跳读法会更加实用，因为书本的信息量最大，最需要读者进行有效的择取。同时，跳读书本也是最能提升读者跳读能力的"战场"。高明的军事家从不打无准备之仗，在跳读之前，读者们也要做好一定的准备工作。

书籍的种类很繁多，其中，理论性较强的书籍是跳读法最为适用的，因此，读者可以以这一类的书作为提升自己跳读能力的踏板。与此同时，按照我们之前所说的，提前准备好纸笔一类的记录工具，以便于在跳读的时候，能够准确地把握要点。接下来，就可以正式进入跳读环节了。

在跳读书籍的过程中，我们主要可以分为五个步骤：把握大局、明了重点、厘清思路、摘抄记录、消化理解。当然，读者也可以在理解完成之后再加一步：反复练习。当然这个是后话，我们可以之后再提。

第一，把握大局

在这一步骤当中，读者们所要做的工作，可以简单地概括为两个字：预览。由于跳读在本质上也是一种快速阅读，因此我们必须要对预览的时间做出限定，通常情况下，5分钟就足够了。预览的要点主要是书籍的封面、序、导言、目录，以及书中的图片。

当然，把握大局对于大部分读者而言，不是一件轻松的事情，因为要做到这一点，单靠眼睛的运动是不够的。读者必须同时积极调动大脑思维，对整本书的内容做出思辨。

在思考的过程中，读者重点要把握的内容就是，了解作者想要表达的观点为何，是借助什么论点和方法来阐述的。只有弄明白这些内容，才能在整体上对书本形成正确的认识。

通常情况下，这些内容不需要读者翻阅全书，只需要浏览那些概括性的文字就可以获取，这正是我们要求读者去预览书籍封面、序言、目录等内容的原因。尽管这些内容往往只占据了很小的篇幅，却是对全书内容的高度总结，堪称微言大义。一个聪明的、会读书的阅读者，在他翻开书本的时候，是绝对不会漏过这些有助于自己更快掌握全书的地方的。

第二，明确重点

不论是阅读哪一本书，如果对书中的关键信息没有丝毫把握，这样的阅读无疑是十分失败的。即便是在快速跳读的过程中，读者的眼睛与大脑也必须充分运动。

在跳读一本书之前，读者仍然要把书从头到尾翻一遍，和前一个步骤一样，我们最好还是为自己设定一个时间，以便于更好地把握阅读节奏。根据书页的多少，时间最好限定在5～10分钟内。在翻阅的时候，每一页最多只需要浏览2秒即可，在快速浏览的时候，那些让自己印象深刻的词汇，通常就是关键词。

尽管看起来显得草率，但大多数时候，这都是跳读过程中屡试不爽的方法。当然，也有许多作者们在写书的时候，就已经通过加黑、加粗、特殊符号等方式，着重标出了书中的主要观点，对于读者而言，了解这些重点之后，跳读就会更加省事了。

除了标题、小标题和特殊字符以外，书中的重点分布一般都会有据可循，在理论性的书籍当中，段首和段尾一般都是读者应该重点关注的。这些句子一般都是对全段内容的总结概括，把握了这些内容，就可以更加准确地掌握全书。

第三，梳理思路

在对全书的内容和重点有了一定的了解之后，读者们就可以正式开始跳读了。这一次，我们不妨适当放慢自己的步调，把时间稍微放宽一些，限定在 30～50 分钟之内。这是为了让跳读能够更加有效。这一过程中，读者所要做的不仅仅是看，更要在看的时候不停地思考，将所有的重点从头到尾梳理一遍。

在这一跳读过程中，读者们也可以拿出之前准备好的纸笔等阅读工具，辅助自己对重点进行梳理。当看到那些重要的信息时，读者们可以将其迅速地用笔标出；或者对那些需要摘录或重点思考的地方，也可以进行标记。

在标记的过程中，读者应该将目光适当放远，从整体上进行判断，而不能拘泥于眼前之见。根据重要程度的不同，最好用不同的方式进行标记。比如，对于最重要的内容，读者可以用红色标注；对于相对重要的内容，读者可以用蓝色标注；对于自己认为有趣的内容，则可以用绿色标注。又或者采用不同符号，如五星、圆圈以及线条，等等。总而言之，在这一过程中，读者一定要对书本的内容有充分的把握，最好是能够把所有重点都串联起来，形成清晰完整的脉络。

第四，摘抄记录

在跳读完之后，我们总算可以稍微松一口气，之所以这么说，是因为接下来还有一些事情需要读者去做。之前的跳读仅仅是把书中的观点凝成了整体，但我们还需要做进一步的巩固。

常言道，眼过千遍不如手过一遍，对于跳读这样快速、简略的阅读来说，巩固更是不可或缺的后续工作。最好的巩固方式便是动手动笔，读者在这一步骤当中，可以借此对书本形成更加深入的认识。可选择的不仅仅是之前勾画的重点，对于书名、作者、出版社、图书分类等内容，读者都可以一一记录在本子上，并标出阅读日期和自己的打分，还可以将其中自己认为文辞优美的地方一一记录下来。

这一步骤的好处在于，读者可以借此进一步加深对书本的印象，某种程度上等于是完成了对书本的一次温习。相比于粗浅地获取信息和简略思考，这一步骤等于是对跳读的一种补充和加强。读者最好在每一次的阅读过后，都采取这一步骤的方法来进行巩固，这样就可以让阅读后的体悟更加充盈。

第五，消化理解

在之前的步骤中，读者们已经对书本的重点信息有了一定的把握，但更重要的是形成自己的理解，否则跳读就和走马观花没有区别了。如果说之前的动笔仅仅是粗浅的思考，这一步骤就可以理解为读者对书本（作者）思想的升华。

在记录完书本的基本信息（书名、作者）后，读者可以抽出一点时间，试着完成更大篇幅的"创作"。显然，这一创作所要围绕的主角仍然是书中的观点。在写的时候，读者不仅要把之前梳理的观点标出，更应该把自己的真实阅读想法和收获也全部写出。这样一来，才可以更加全面地消化书本内容。

此外，在进行写作的过程中，我们最好在纸上留出适当的空白，这是为了给读者留下填补、修正和加深理解的机会。可以预想到的是，在跳读当中，我们所能得出的结论终究有限，在日后二次阅读的时候，读者们大多都会有不全然同于以往的体会。只有在前面的基础上不断提升，才能不断加深对书本的理解。

除了这五个步骤以外，我们还提到过"反复练习"的第六步骤，这是为了让读者能够更快地掌握跳读这一方法。对于大部分读者来说，之前步骤所给出的时限难免显得苛刻，或许一时之间很难做到。因此，在实际跳读的过程中，读者们可以适当地给自己放宽一点时限，但要切记不可纵容自己偷懒。至少，在每一次的跳读训练中，读者都应该把一本书彻底读完，并完成全部的步骤。通过不断练习，读者的跳读技巧必然越发纯熟，实现更高的阅读效率。

第四节　扫读法

不一样的全篇扫描

扫读法又叫扫描阅读法、掠读法，我们也可以将它形象地称为"快速浏览法"。扫读法的阅读方式，主要是通过视线在书页上进行快速的搜寻，寻找那些在脑海中留下记忆信息的痕迹。通常情况下，读者都会用扫读法去了解一本书或一篇文章的大致内容，或是从书中找到自己所需要的信息，如人名、地名、论点、数据和其他资料。

扫读法也是快速阅读的方法之一，而且也是一种面式阅读的方法。扫读法是建立在长久的阅读训练基础之上，因此也是一种极为高级的阅读方式。

著名作家高尔基的阅读量就大得惊人。其中固然有他勤于读书的原因，但更多的是有赖于他独特的读书方法。高尔基特别喜欢运用扫读法来阅读书本，在他阅读的时候，每翻一页都是从上到下阅读而非从左往右，就像沿着一道台阶顺势而下一样。这种方式有点儿类似我们常说的一目十行，但不可否认，高尔基正是从这一阅读方法中，获取到了许多有用的知识。

和许多快速阅读的方法一样，扫读法的基本要求之一就是，读者在阅读时必须打破传统阅读的窠臼，做到一目多字或一目多行。但除此之外，扫读法也要求读者在阅读的同时，大脑也要进行思考。在阅读时，读者要一边浏览文字信息，一边梳理文本当中的系统和脉络，获取其中的重点内容。

表面看来，扫读与寻读有着很多的类似之处，但实际上两者也有很大的不同。寻读是建立在对书本有明确目标的要求上，读者在阅读之前往往已经选定了阅读的书籍，是在特定的范围之内去寻找重要信息的阅读；而扫读的时候，读者往往对书本没有进行选择，阅读的时候也没有过多的寻找意图，而仅仅是想要增进一些基础的了解罢了。因此，在实际阅读的过程中，扫读往往可以作为精读前的一个步骤，又或者其他快速阅读的前奏。

在阅读的方法上，扫读也与其他方法有着很大不同。不论是寻读还是跳读，都允许读者适当略过一些内容，而扫读就如其名字一样，是读者的眼球和大脑对全篇文本的精准扫描、逐页阅读。尽管也有一部分内容需要读者视为旁枝末节，但无论如何，读者的眼球必须对书中的每一个文字都有起码的注视。

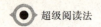

尽管从阅读方式上看，扫读法与传统阅读方法极为接近，但从阅读效果上来讲，采用扫读法进行阅读，比传统的阅读可以快出两倍以上。因此，扫读法也是实际当中十分有价值的一种阅读方法。

集中扫读重要区域

尽管在扫读之前，我们并不像寻读的时候那样，带有明确的搜寻目的，但这并不是说扫读可以漫不经心，无所事事。扫读法的主要作用就是，在读者对书本完全陌生的情境下，用最短的时间认识这本书。所谓的认识包含两重含义，第一是恰到好处地断定我们可以从中获取到哪些有用的信息；第二则是判断信息在文本当中会以什么样的形式出现。当读者们明白了这两点的时候，就可以以此为重要线索，在接下来的阅读中更加准确地获取需要的信息。

在这两重含义当中，第一重含义可以理解为阅读必要性的判断。当今市场上的图书种类十分繁多，读者要是逐一翻阅，只怕穷其一生也无法做到。为此，读者需要对书本有足够明确的认识，具体来说，就是明确书本的价值，断定它是否值得自己去读。

这个时候，扫读法就派上了最大的用场。不论是跳读还是寻读，都适合阅读目的性更强一些的读者，当我们手中拿到一本全新的书时，全篇地快速扫读更适合用来对书本进行初步的了解、判定。一旦发现这本书并没有多大的阅读价值，读者就可以暂时抛开或者粗略而过；如果书中内容有一定的价值，读者就可以选择跳读、寻读这一类快速阅读理解的方法，或者静下心来慢慢咀嚼。

第二重含义可以看作是对信息的深度把握。所谓的"信息出现形式"，包含着丰富的内涵，比如从说明方法上看，有举例、比较、定义等；从写作方式上来看，又有悬念、象征、抑扬等各种技巧。

具体到书本的结构脉络中，作者既有可能点到为止，由读者自己去推导最终结论；也有可能把信息隐藏在文本的各处，需要读者费心思辨。

总而言之，任何一篇文字都不是死气沉沉的，而是蕴含着活的思想。在扫读的过程中，读者的大脑不仅不能歇下来，反之还要加速运转。这样才能跟得上书中作者的想法，顺着他们的思路去把握书中的关键信息。

正是因为如此，所以我们千万不能把扫读看作是传统阅读的强化版这么简单，而要把它看作一种全然独立的阅读方式。由于采用了速读当中最具代表性的"眼脑直映"（即将整页的文字以图片的形式传到右脑，再由右脑传到左脑），因此在实际阅读的过程中，扫读也要求读者眼脑高速并用，并不比其他快速阅读方法轻松。

一般来说，如果能够准确把握这两重含义的要求，扫读的效率就显而易见了。但扫读也并不意味着一头扎进书中匆匆翻阅，为了提高效率，读者最好对以下五个重点多加留心。

第一，通读前言

对于任何一本书来说，前言的重要性都是不言而喻的。一本书的前言，通常都是由著译、编选者自撰或他人撰写而成，不论作者为何，都可以看作是对书本内容最为精练的总结。有的时候，前言序章的价值并不比正文差。

借由对前言的了解，读者也可以提前了解图书作者的意图、写作背景及主要观点等。很多时候，非作者自撰的前言也都是由作者邀请知名专家，或组织编写本书的单位专门写成，内容除了推荐本书之外，也会对作品进行实事求是的评价。因此，读者更可以从前言当中，初步判断出一本书的阅读价值，为后续的阅读节省更多的

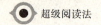

精力。

第二，阅览目录

目录也是一个重点扫读的内容，其中有很多原因。一方面，就如同我们之前提到过的那样，目录当中的文本标题虽然语言简洁，却是整个段落的高度凝练、总结；另一方面，这也是因为目录当中折射出了图书的结构框架。

书本的结构框架当中蕴含着许多信息，目录的内容都是随着书本的内容而拟定的，从目录当中，读者可以看出作者在议论说明的时候，所体现出来的逻辑和思路。这对于从宏观上把握书中内容和作者的思想感情，有着不可取代的重要作用。

第三，看小标题

小标题通常虽然只有寥寥数字，却是反复提炼而成，可以说是言简意赅。从小标题当中，读者能够更加直观地看出作者想要表达的意图。

小节当中的标题不仅隐藏着作者的主要观点和论据，有的时候也能够体现出作者的写作思路。在扫读的时候如果对此加以注意，可以帮助读者建立起对书本的整体认识。看懂了小标题，读者就可以在阅读的时候，准确把握作者的意图，更能够顺着他的思路进行思考，甚至在作者原本的基础上进行更深更广的拓展。

第四，把握关键词

关键词的重要性不言而喻，没有哪位读者会对此轻忽。在扫读的过程中，关键词仍然是重中之重的内容。借助关键词，读者在扫读的过程中，也可以更好地将全书的内容加以串联，在脑海中形成条理更加清晰、逻辑更加严明的认识。

与寻读、跳读等方法不同的是，在这些目的性更加明确的阅读当中，关键词的主要作用在于理解全书，但在扫读法之中，关键词也会作为读者判定书本价值的重要依据。因此，读者不是扫描出这些关键词就算了事，更应该适当地对这些关键词进行剖析。

第五，看结束语

除了前言以外，还有许多书会在文末添加一段总结性的文字，称为结束语、结语。结语作为全篇文章的结束部分，主要考虑的是文章结构和内容的完整性，从结构上来看，结语可以与开头的引言等内容相呼应，主要表达的是有关全文主要内容的总结性、概括性话语，其中也包含着对书本内容的评价。

在扫读的时候，结语的内容也不容轻忽，是因为这部分内容同样可以帮助读者更好地判断书本的价值。当然，这部分内容也会带有强烈的主观性，需要读者在扫读的时候准确把握，对全书的内容作出自己的判断、提出自己的看法。

以上这两重含义、五个重点，就是读者在扫读过程中，需要准确把握的几个重要区域，也可以看作是扫读的大致步骤。只有通过扫读建立起对书本的基础认知，才能使接下来的阅读更加顺利。

如何让扫读又快又准

比起可以适当略过部分内容的跳读和寻读，全篇扫描式的读法，无疑是对读者提出了更加苛刻的要求。但读者也完全没必要被吓到。在正式的阅读当中，读者们也可以依照一定的方法，让自己的扫读更加精准。

第一，扩大视读目标

扫读也是把整篇文本的信息压缩为图片之后贮藏在大脑之中的，因此在扫读的时候，读者们切忌逐字逐句式地阅读。以字作为阅读单位，远远不及以句、段甚至是页更加高效。

因此，在扫读的时候，读者也要有意识地扩大自己的视读目标，或者说得更直白一点——睁大自己的眼睛。扫读的时候，不仅不提倡一字一句的阅读模式，更要求读者通过反复地练习，逐步做到一目十行。

为了做到这一点，读者们首先可以采用的一种方法，就是改变自己的阅读方向。传统的阅读模式都是从左往右依次阅读，但在速读当中，从上而下的台阶式阅读才是最受欢迎的读法。此外，读者也可以把书本放在离眼球更远一点的地方，用这种方法来变相拉宽自己的视觉范围。

当然，真正的扩大视读目标，需要借助各种训练才能做到，以上这些都还只是权宜之计。读者如果想要真正提高自己的扫读能力，必须要耐下心来进行各种技巧训练。这些方法在接下来的篇幅中，还会再次讲到。

第二，选择内容，由易到难，认真训练

每一本书的内容都有很大不同，同一领域的书本当中，围绕同一个主题，内容也有深浅之分。在没有彻底掌握扫读的要领之前，读者们最好还是从简单易懂的书籍开始入手，在由易到难的过程中，不断提升自己的扫读效率。

根据科学家的研究表明，在阅读的时候，眼停的次数多寡和每次注视时间的长短，与读物的难易程度有着很大的关系。如果读物浅显易懂，注视的次数就可以少，注视的范围就可以扩大，注视的平均时间也就可以较短。反之，如果读物艰深或比较难懂，读者就只能就延长眼睛注视的时间，增加注视的次数，缩小注视的范围。这样一来，快速扫读也就成了痴人说梦。

除此之外，如果一开始就从艰深难懂的内容起步，阅读对于读者而言，乐趣就少了很多；对于扫读的训练提升而言，更是一种巨大的挑战。过于晦涩难懂的文字必然会大幅增加扫读的难度，让许多读者就此失去信心。因此必须确切指出：扫读能力的提升绝不是一朝一夕之事，每一位读者最好是从起步阶段做起、逐步获得提升。

第三，制定限时目标，加快速读

扫读不能像寻读和跳读那样省略，这是影响扫读效率的一个原因。忽略掉一部分内容，就可以省下许多精力和时间，但在扫读的时候，读者却必须持续地扫描每一处信息。阅读时间越长，读者的注意力就会越发涣散，这个时候，扫读就会在形式上转变为传统的逐字逐句式阅读。

因此，在进行扫读的时候，读者可以为自己提前设定好一个时限，比如5～10分钟、10～15分钟不等。时间不可以太长，否则注意力必然会随着时间再度下降。在设定好的时限内，读者要集中自己的全部精力去一目十行地快速浏览，争取浏览更多的页数。

又或者可以换一种方法，根据书本内容的难易程度和书本的厚度，选取一定页数的篇幅，来训练扫读能力。鉴于之前翻阅过的内容在第二次阅读时已有印象，读者可以在之后的训练中重新选取一部分文本。当然，读者也可以选择另外一本相同难度的书籍，在一次训练中同时扫读两本书。总而言之，这一训练要求读者不断减少扫读相同页数文本的时间，变相提高自己的阅读速度。

第四，集中注意，减少回读，切忌出声

在之前介绍速读法的时候，我们曾经提到，速读当中最为忌讳的错误之一就是发声阅读，因为在有声的阅读当中，每分钟能够阅读的字数可以说是少得可怜。还有一种心中发声的阅读，这种阅读也会对扫读的速度产生巨大的阻碍。

读者们一定要明确一点，尽管表面看来，扫读与传统逐字逐句地阅读似乎是一样的，但从信息的处理方式角度来看，扫读与传统阅读是完全不同的两类。在进行扫读的时候，图片已经取代文字，成为大脑接收信息的新形式，读者必须在心中打破对每一页文字的旧有认识，真正做到眼中有图画。

此外还有回读，这也是在速读训练当中被反复强调的一个大忌。在内容浅显易懂的书本当中，出现回读的次数通常远远低于内容晦涩难懂的书，因此读者在最初进行扫读训练的时候，应该适当避开那些深奥的书籍。

除了内容艰深以外，读者的注意力不集中也是导致回读、逗留等阅读毛病出现的原因。这就更多地要靠读者的个人意志了。总而言之，在扫读的时候，读者千万不能被庞大的文字信息冲昏头脑，精神始终要高度集中。

第五，碰到难点疑点，学会避读

虽然扫读法的运用与训练最好是从简易的书籍开始，但很多时间，读者难免会遇到一些难懂的大部头书籍；或是随着扫读能力的不断提升，开始进入到深渊级难度的阅读。到了这个时候，读者们不论怎么用心，总会遇到一些难以理解的地方。这个时候，读者们就需要做出适当的放弃了。

许多时候，理解的难度只是因为读得还不够多、不够细致，这些困扰完全可以通过之后的阅读来解决、贯通。所谓放弃并不是要求读者就此忽略这部分内容，而是在完成扫描之后进行下一步的选择。

在完成了扫读之后，读者才能对整本书形成初步的认识，借此也可以判断出之前困扰自己的地方，是否真的具有价值。如果有，读者就可以在之后的阅读当中，着重阅读这部分内容；如果是无关紧要的部分，读者就可以放到最后去理解。

在扫读的过程中，大脑思考更多的是针对书本的整体脉络而言，攻克难点疑点从来不是扫读的重点。只要对书本内容留有印象，扫读就可以说是取得了一定成功。因此，如果自己对某些难懂之处记忆深刻，其实反而是一件好事。

第六，打破从头到尾的阅读习惯，择其所需阅读

通常情况下，扫读法是要求读者从头到尾全篇扫描一本书，这样才能更好地锻炼自己的扫读能力。因此，这种有所取舍的片段扫读、片面扫读，并不是最值得推荐的。但有时候，读者也需要在庞大的文字信息当中寻找要点，而不需要对全部文本进行把握。这个时候，择取一部分信息进行扫读，也是可以默许的行为。

除了满足部分读者获取信息的需求之外，这种扫读方式还有另外一重用意，就是帮助读者打破长久以来的传统阅读习惯。在过往的阅读当中，读者们已经对通篇逐字的阅读方式，产生了强大的路径依赖，想要接受全新的阅读方式，对他们而言并不轻松。因此，最直接的做法就是割裂原本浑然一体的文字信息。

从理解的角度来看，这种做法无疑是十分不智的，但好就好在，扫读并不以深入的理解为重点，只是强调读者要对所阅读的文本进行认知。而且，在以深入理解为目的的阅读当中，扫读通常也并不会用到。这就避免了片段式扫读所带来的不利影响，让读者能够在阅读中一举两得。

材料扫读的步骤

扫读法有一个最为显著的特点，就是在阅读的过程中，读者目光的移动路径是先横后竖、快速运转，重点扫描文本当中最为重要的信息。尽管看起来粗略，扫读法却不仅不影响人们对书本的理解，反而能够进一步提升读者的阅读速读。扫读法的好处主要体现在两点：第一，人们可以在打开书的最初发现人名、论点、主要论据等关键信息，对内容一览无余；第二，可以解决日益增长的图书阅读量与匮乏的阅读时间之间的矛盾。

正因为扫读法的这一独到优势，无论是在正式的书本阅读中，还是对某些问答材料的阅读中，扫读法都是一种可供采用的阅读方式。如果是扫读某些关键材料，读者就要注意以下五个步骤。

第一，仔细阅读需要回答的问题

在对材料进行扫读之前，我们不妨先对材料的大致内容做到心中有数。也许有人会问，扫读不正是为了心中大致有数吗？诚然如此。但是，为了进一步提升阅读的速度，我们还可以另辟蹊径，出奇制胜。仔细阅读问题就是一个不错的选择。就如同课堂上老师们所讲的一样，这种先看问题再看内容的做法，比起一头扎进正文当中要好多了。

这一步骤之所以要放在第一位，与扫读法的阅读方式紧密相连。我们已经知道，扫读法之所以快速，主要依赖于它是面式阅读来取代点式阅读，一目十行地将大段大段的文本信息进行浏览。同时，扫读法又要求读者在扫描的过程中，着重去提炼那些关键信息。而关键的信息所占的比重，也给读者们带来了一定的阅读压力。

因此，如何准确地寻找关键信息，就成为了评定扫读效率的重要标准。对于指定的材料而言，与问题相对应的答案，自然就是扫读的重点。因此，在阅读材料正文之前，如果读者们能够先抽出些许时间仔细阅读问题，就可以先在脑海中，对阅读目标形成一定的认识。这样一来，在阅读材料的时候就可以下意识地分辨出哪些信息是自己所需要的了。

第二，记住材料的类型

不同的读者在不同场合下，所需要面对的材料也不同。从体裁来说，这些材料既有可能是说理性质的，也有可能是记叙性质的；从内容来看，材料当中既有可能包含着大量的数据，也有可能隐藏着许多作者的思想感情。随着阅读材料的不同，关键信息的类别和分布也会呈现出一定的差异。

比如，在论述性的文本当中，重要的信息经常会出现在首括句和中心句中，对于读者而言，阅读这一类文字就一定要着重浏览这些句子；再比如那些抒发作者思想情感的文字，作者的想法往往可以凭借个别字词来断定；至于那些说明性的文字，数据信息通常都会是读者需要关注的重点内容。

总而言之，不同类型的阅读材料，不仅考验读者的扫读速度，更考验读者的扫读智慧。在扫读前分出些许时间思考并不会造成拖延，谋定而后动的扫读，同样能够后发先至。熟练地把握材料的类型，读者就可以更加准确地找到关键信息的藏身之处，提高自己的阅读效率。

当然，对于读者而言，明确材料的类型之时，还要参照那些有待解答的问题，或是自身的需要，这样才能保证扫读的过程中，不会错漏重点，导致扫读前功尽弃。

第三，快速移动视线，抓住重要线索

全文扫描，唯快不破，在扫读文本信息的过程中，速度是最基本的阅读要求之一。除了快速以外，读者还必须同时做到准确把握关键信息，提炼出文本的要点。

在前两个步骤中，读者已经对文本材料的类型和阅读方向有了一定的认识，这正是为了读者在这一步骤当中，能够更好地完成对信息的搜寻、获取。但仅仅依靠前两个步骤的积累，仍然会显得准备不足。

在扫描的过程中，读者的眼睛和大脑必须明确分工，由眼睛来对材料进行快速扫描，以图片的形式来传输信息；大脑则负责从图片当中检索出重要的段落，进而提炼信息。因此，在阅读时，读者要特别关注那些让自己感觉到"就是这里"的部分，这一部分材料当中，很有可能包含有自己需要的信息，或是与信息密切相关的线索。

此外，在扫读的过程中，总有一些内容会自然而然地凸显出来，给读者留下深刻的印象。这些内容既有可能是一个关键词，也有可能是一个短句或段落。毫无疑问，这些主动"站出来"的信息，也是读者在扫描材料时需要注意的部分。

第四，发现重点后停止扫读

当重点被发现以后，读者就可以暂时停下来了——当然，这是专就材料的扫读而言。当读者是运用扫读去阅读一本书时，一气呵成的扫读会更实用。但在某些问答型的材料阅读中，有很多信息都是旁枝末节，甚至完全不需要读者分出哪怕一分钟的时间去阅读。

因此，如果把扫读进行下去，不仅没有意义，反而会对读者的思考与判断带来一定的干扰。毕竟，在问答型材料的阅读当中，圆满地回答问题，比完整地阅读一遍更显必要。

第五，仔细分析这些内容

停止扫读并不意味着阅读的完结，读者只是需要暂时转变一下方向。在发现重点之后，读者应该立即翻开问题，将问题与发现的重点进行对照。又或者是依照自己的阅读需求，分辨这些重点是否真的是自己需要的信息。

通常情况下，分析的结论不外乎以下三种：信息既重要、也满足自己需要；信息重要，但自己并不需要；信息不重要，自然也不是自己所需要的。如果是第三种，读者就可以完全放弃。如果是前两者，读者就应该做出不同的应对。

对于自己当下需要的信息，读者就应该重点思考、加以提炼，借此答疑解惑；如果是自己不需要、但却可能很重要的信息，读者可以适当存疑，或者与材料当中的其他问题、自己的其他需要进行对照，看是否拥有思考分析的价值。如果有，读者就可以将其作为自己接下来阅读当中的重点；如果没有，读者也可以选择放弃，也可以选择在再次阅读的时候进行思考分析。

不同类型文本的扫读要点

在之前的小节当中，我们曾经提到过扫读书本需要集中火力、专攻要点，并且列举了其中五个最为重要的内容：通读前言、阅览目录、看小标题、把握关键、看结束语。但事实上，这只是一种大而化之的概括方法。现实生活当中，读者不仅阅读需求不同，所要阅读的文本类型也不同。在实际阅读的过程中，我们不能墨守成规、僵化地按照规定步骤，而是要根据不同类型的书籍文本灵活变通，做到对每一类型的文本都能快速扫读。

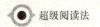

第一，杂志类的图书

杂志类的书籍通常包罗万象，知识性、趣味性和文艺性都能得到一定保障，最适合消遣性的阅读。但对于许多读者来说，其中吸引自己的也仅仅是一小部分。有的时候，读者也需要从一些版面繁多的杂志当中，寻找特定的资料信息。这个时候，扫读全书就显得多此一举了。

因此，对于杂志类的图书，扫读的要点就在于先跳过其他，专注目录。具体要求就是，读者应该先把目录通读一遍，然后从中选择自己感兴趣的部分内容，或找到自己所需要关注的版面。对于这部分内容，读者可以细细品味、耐心研读；其他的部分相对来说就不是那么重要，读者只需要浏览而过就好。

第二，独立成篇的文章

有的时候，读者需要阅读的不是一整本书，而是一个独立的篇幅。这类文字很少会出现小标题和小章节，因此我们可以对"看小标题"这一步骤做出适当的调整，改为"明确标题、熟悉作者、分辨体裁"，等等。

对于单篇的文字来说，掌握以上这些要点，很多时候就能够进行高效的扫读了。标题虽然字数不多，却能够提炼出作者的写作思路、个人情感、主要观点，借此更能够帮助读者在扫读时准确把握重点；熟悉了作者的生平、经历、所处时代和个人思想，也能够帮助读者在阅读时更加贴近作者的感情，体会作者的用心，以此来判断哪些信息可能更加重要；不同的体裁需要不同的表达方式，文本当中的关键信息，也会随着表达方式的不同而分布在不同地方。如果能够把握这些方面的要点，扫读的效率无疑可以大幅提高。

除了第三步骤以外，其余的几项步骤倒是没有多大的变化，读者只需要依循着这些步骤逐步扫读即可。

第三，记叙文

面对记叙类的文字，扫读的步骤与阅读单篇文章没有太大的不同。但鉴于文本体裁的不同，记叙文的扫读侧重点，主要集中在对重要人物、主要故事情节的阅读和理解把握上。

记叙文是以记人、叙事、写景、状物为主，以写人物的经历和事物发展变化为主要内容的一种文体形式，经常会用到叙述、描写、议论、抒情、说明这五种表达方式。其主要特点就在于借助事件来表达情感和思想。因此，故事情节无疑是读者最需要关注的内容。

好的记叙文不仅在人物设置和故事情节上出彩，能够带给读者优美的阅读体验；更能够帮助读者掌握文章的主要内容和主题思想。因此，在面对记叙文的时候，故事情节就成为了不容读者忽视的关键。

第四，教科书和参考书

很多时候，读者不一定阅读过大量课外书，但肯定看过不少教科书。对于不少人来说，教科书或专业性的参考书，更是他们最主要的阅读书目。对于这一类的书籍，扫读也有着不同其他书目的重点。

通常情况下，教科书和参考书中的重点并不多，根据数据显示，一页之中的重点，通常只有二到五个，只有这部分重点才需要读者重点把握。其他的一些文字，则更多地承担了辅助、说明的作用，对于这部分内容，读者只需要略读就好。

第五节　略读法

大刀阔斧的省略

略读法是一种非常实用的快速阅读技能，其主旨是通过快速地阅读文章，来了解文章的内容大意。从实际操作中来看，略读就是要求读者在阅读时，对文章的内容进行选择，可以适当地略过某些旁枝末节，来抓住文章的主旨，从而加快阅读速度。

有一种观点认为，略读是一个人以可能达到的最大速度来进行的一种阅读，根据数据显示，经过有效训练的略读者，其阅读速度甚至可以达到每分钟 3000～4000 个词汇。同时，略读法也是提纲挈领地把握阅读材料的基本内容、主要思想和技法的阅读方式，要求读者用最快的阅读速度，来阅读书籍和文章。在传统的阅读模式下，读者需要一字不漏地将阅读材料全部看完，但在略读的时候，读者若是觉得自己已经抓住了文章的主要内容或主要方面，就完全可以跳过其他部分。略读也是一种适用范围很广的阅读方式，可广泛用于阅读各学科的教科书、参考书、课外书籍和报刊，同时也是精读课文不可或缺的一个步骤。

在略读的时候，读者应当先把文章粗略地浏览一遍，了解通篇文本中，是否有自己所需要的信息，同时还要了解文章的题材和体裁，以便选择相应的阅读方法。例如，在考场上的时候，留给读者的时间通常都是极其有限的，有一部分文章也不需要进行深层次的理解，这个时候，我们就可以运用略读法。当然读者们也要明确一点：不需要深层次理解，不等同于略读理解的水平可以很低，而是说略读的理解水平，可以适当地低于一般阅读速度所取得的理解水平。让我们试着以数据表示就是：一般阅读的目标是，在保持一般阅读速度的条件下，获得尽可能高的理解水平，通常达到 70％或 80％。略读时，理解水平略低一些是可以允许的，但平均理解率也必须保持在 50％或 60％之间才算合格。

这番论述或许稍显烦琐，但从中也表明了略读法的以下几个显著特点。

第一，略读就是以最快的速度阅读文章，寻找字面上或事实上的主要信息和少量的阐述信息；

第二，在略读的时候，读者可以根据自己的理解水平，适当跳过某个部分或某些部分；

第三，略读对读者的理解水平有适当的放宽，但即便如此，读者的理解水平也不能太低；

第四，在略读的过程中，读者可以根据实际情况，比如文章的难易程度和个人阅读目的的不同，不断地灵活调整阅读速度。

从这些特点之中，我们不难理解略读为何会被称为"最快速的阅读方法"，但事实上，略读的优点不仅仅是快而已。通过大篇幅的省略，读者可以把更多的精力集中在最为关键的文本信息当中，尽管整体理解上水平会降低，但却可以更加专注于对重点内容的阐发思考。

略读的小技巧

略读并不是任何时候都适合使用，也并不能取代普通阅读和精读，但在提倡快速阅读以适应信息爆炸的今天，谁都无法拒绝略读的高效。由于略读法在速度方面无与伦比的巨大优势，很多场合当中，都会有略读的用武之地。但略读也不是漫不经心地胡乱跳过，而是需要读者掌握一定的阅读技巧。

第一，运用意群视读

所谓意群视读，就是要求读者在阅读的时候，既不能拘泥于只字片言，也不强求理解所有的细节。只要能够在阅读的过程中，以最快的速度掌握文章大概内容，略读就可以看作是合格。

所谓意群，是指一个句子当中，按照意思和结构划分出的各个成分，每一个成分即称为一个意群。同一意群中的词与词的关系紧密相关，密不可分，否则就会引起误解。或者我们也可以这样理解：意群就是根据一定的关系，组合在一起的文字概念。举个简单的例子，对于"新中国"一词，我们不能将其拆分为三个字分别理解，而要作为一个整体去理解。而在略读的时候，不仅仅是文字的意群，对于整个句子、整段话、整篇文章，甚至整个类别系统，我们都可以这样去看待。

意群关系的存在，甚至可以在一定程度上补足或修正文本当中相应的部分，比如有时候书本中的个别字被遮挡，仍然不影响我们做出推断，进而整体理解。这就是意群关系的强大之处。因此，在略读的时候，读者们应该打破之前的阅读习惯，以更加广阔的视角取代之前的"狭隘"阅读。

第二，利用文体细节

所谓的文体细节，包含着非常丰富的内容，比如文章的标题、副标题、小标题、斜体词、黑体词、脚注、标点符号等，都可以看作是文体细节。很多时候，这些被特别标注的部分，都隐藏着有助于增进理解的重要内容。

所以在略读的时候，读者同样不能放过这些被反复强调的内容，并且在略读的时候，还要同时对文章进行整体预测，预测的范围主要是作者的逻辑、思路和文本的体裁。

很多时候，各级标题和特殊标注的文字符号，都是一篇文本当中最为重要、最为精华的内容，而且这些内容彼此之间还有着因果联系。了解这部分内容的同时，读者不仅能够准确把握文本要点，更能够对文本的结构框架形成整体认知，做到宏观上的贯通理解。

第三，平缓阅读文本开头

尽管略读是以快见长，但为了保证速度与理解之间的均衡，在最初的阅读时间里，读者们也可以放慢步调，以平时的浏览速度来阅读文章开头的一、二段。这样做的好处是，能够让读者从更深的角度去理解文本。

理解，一直都是阅读的重要内涵之一，但理解的高低却与很多因素有关。有时候，尽管识字于我们而言并无难处，但这些字聚合成文本时，理解却会显得艰辛。所以，理解不只与识字能力有关，更有一些深层次的因素。

每一本书的作者都会在文字中倾注大量的感情，如果我们不能感同身受，也就很难理解他笔下的意思。放慢节奏平缓阅读，用意就在于深入理解文章大意、背景情况，以及作者的文章风格、口吻或语气等内容。读者更可以借此接近作者的内心，对书本和文字有更加直观的感受与理解。

第四，阅读段落的主题句和结论句

略读的时候，读者不可避免地会跳过大量信息，因此在读完之后，想要形成准确的理解并不容易。然而略读又必须兼顾速度与理

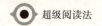

解，因此读者在阅读时，就要有意识地强迫自己去重点把握关键信息，否则，略读很有可能变成毫无意义的浏览。

为了抓住关键信息，最快捷的做法，自然是从文本段落当中的主题句和结论句下手了。相比之下，其他阐述性的文字我们只需要稍加注意，但那些点题的金句却是绝不容许错过的。略读时如果能够保证自己看到这些内容，即使略过的地方再多，也不会造成太大的负面影响。

第五，注意转折词和序列词

为了阐明、强调自己的观点，作者在写作的时候，不可避免地会用到一系列转折词和序列词。这一点在论述性的文字当中表现得尤为明显。聪明的读者在略读的时候，并不需要给自己的大脑加重负担，只需要让眼睛重点搜寻句子当中的这类词汇，就可以顺着这些句子，有效地分辨出重要的文本内容。

文本当中最常见的转折词有然而、此外、况且等；序列词则有首先、其次、最后等。前者经常被用在话锋一转、直击要害的议论中，后者则经常使用在层次递进的说明性文字中。也唯有借助这些词汇，作者才能更好地引出自己的观点和想法。

以上五个略读技巧，某种角度上也可以看作是略读的步骤、方法。在略读的时候，读者们都应该根据实际情况，合理运用这些技巧，来实现略读速度与理解水平的完美结合。

找到略读的适用范围

之前曾经提到过，略读是一种适用范围很广的阅读方法。但对于其实用性，我们仍然有必要进行一番详细的阐述。同时，读者们也可以借此了解到略读法的更多运用方式。

略读的第一个适用范围，就是快速查找资料。由于这一领域当中，读者所需要获取的信息常常仅占文本的极小一部分，因此这种略读也被称为"大海捞针法"。

一个最直观的例子，就是读者为了查找一本课本或一篇文章所提供的信息（如姓名、日期、词或短语）而进行的快速略读。这一过程中并不涉及理解的范畴，读者也只需要稍加辨认就可找到答案。因此，读者只需要确保自己不漏看重要信息即可。

在一页页翻阅的时候，读者不仅要确保阅读速度，更要集中自己的全部注意力来寻找目标信息。这样一来，不论文本当中的字符如何繁多，读者都可以用最短的时间找出。在找到关键信息之后，本着稳妥第一的原则，读者最好稍加停顿，对周围的句子和段落也进行阅读，结合上、下文来确定自己的目标正确。

略读的第二个适用范围，就是寻找特定信息。因为这些信息经常需要通过其他线索来获取，因此这种略读又叫作"寻找线索法"。

有时候，一些重要的信息并不会直接出现在文本中，而是需要读者自己开动脑筋去推导。所以读者也无法确定哪些字眼中蕴含着自己想要的信息。这个时候读者就必须放慢节奏、注意线索。而线索出现的方式也是多种多样的。

二战时期有一位名叫雅各布的瑞士作家，出于对纳粹势力的反对和憎恨，他决定探知德国的军队部署，并将之披露给全世界。他所采用的方式，并不是实地探查、收买间谍一类，而是阅读新闻报纸。

为了搜集情报，他阅读了大量看似毫不相关、但却信息量巨大的文字，正是从这些文字中，他逐渐勾勒出纳粹德国的军事部署蓝图。比如从一则讣告中，他得知了某地将官的姓名；从另一则婚礼

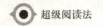

消息中，他又得知了参与人员的军职身份……就是这些毫不起眼的信息，却被他串联成一个整体，到最后竟然成功描绘出德国当时的部署实情，令人大为震惊。

这种略过旁枝末节，从已有关键信息中推断未知信息的阅读方式，就是寻找线索法的最佳事例。有时候，在找到关键信息之后，读者们最好回过头来再把相关部分阅读一遍，从上下文中确定这是所需要的信息。

略读的第三个适用范围，就是用来了解、掌握一本书或一篇文章的要领。因此，这种略读又叫作"抓住要领法"。

在某些特定目的的阅读中，比如某些课题的研究中，读者们出于研究的需要，会借助其他书籍文章来获取资料。这种情况下，读者们就能通过略读来抓住一本书或一篇文章的要领，并以此判断这些文本当中，是否有与自己研究的课题有关的内容。

为了更快地抓住要领，读者可以先从导论和摘要入手，快速浏览，或者再阅读一遍那些明确包含重要论据的、主题说明句的段落。这部分信息通常都是整篇文本的关键所在，把握了这些内容，就可以更好地判断其是否有用。

在把握要领的时候，对段落的阅读不可避免，但不论这些文字多么精彩、有趣，读者都应当牢记自己的阅读初衷——为自己的研究课题服务。不论这些资料当中包含有多少正确的信息，读者们所需要的也仅仅是当下有用的部分。在当下的课题研究中，这类文本资料的定位始终都是工具，而不能凌驾于自己的课题之上。

略读的第四个适用范围，就是对书本中的某一章进行总体上的大致了解。

在上学的时候，老师们有时会要求学生们在仔细阅读之前，先把课文快速浏览一遍，这种做法就是为了让学生能够对课文更加熟悉——不仅仅是文字段落上的熟悉，更是对文章大意的熟悉。平日的阅读当中同样如此。在正式阅读之前，读者最好纵览或大概了解一下书中的主要内容，争取做到对书本内容有一定程度上的认识与理解。

在理解的过程中，读者不仅要初步明确文章的主要内容，同时最好也要搞清楚这些内容在文章整体当中的重要性。为此，读者在略读的时候，就有一些地方需要自己特别关注。

通常情况下，这些需要特别关注的地方，就是解说词标题、副标题及段落的个别部分。从这些地方入手，我们就可以大致判断出重要的概念将在何处、以什么样的方式讲述。

略读的第五个适用范围，就是为考试或背诵而进行复习准备。

对于还在校园的学生来说，略读也是应对考试或背诵复习的一大妙方。为了尽可能地增加胜算，学生们可以先把课文当中，自己曾经读过、钻研过、做过笔记的内容进行略读。为了让阅读效果更好，读者在略读的时候，可以时不时地停下来，试着将课文当中的重要概念进行默记，或概括其主要内容。

在对课文进行略读式的复习时，每读完一篇课文，学生都应该对整篇课文作总的观察，把它作为一个整体去理解。从整体的角度去理解，更有助于学生在考试当中举一反三，从有推无。

需要指出的是，为了让略读真正成为高效的阅读工具，读者必须反复练习，同时更要明确自己在何时需要用到何种略读方式。这样一来，就可以在学习或者工作当中，节省更多的时间，让阅读更加高效。

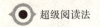

略读的训练

由于略读法在阅读速度方面的巨大优势，通常情况下，略读法也是阅读理解练习中最常用到的阅读方法。由于略读法能够最大限度地保证阅读速度，因此在解题的时候，读者就能拥有足够充裕的时间，从而保证了答题的正确率。

但在实际的略读练习中，也有很多人并没有因此拿到高分，这几乎都是由于他们在阅读的时候，没有掌握要领所致。有的时候，他们的阅读速度堪称一流，但对文字信息的掌握程度却十分粗浅；有的时候，他们虽然理解了文章的大概，但却花费了大量的时间，甚至正确率依然不高。因此，在进行略读的时候，读者应该有意识地对自己进行强化训练。在训练的过程中，读者也可以采用一些小技巧，让自己的略读能力更具优势。

强化技巧一：利用印刷信息找关键词

关键词对于读者理解文本的重要性，可以说是不言而喻。关键词往往是整篇文字当中，最能表明作者观点、体现作者思想情感的信息，准确找出关键词，某种意义上就等同宣告：读者已经成功地把控了文本的主题思想。把控了主题思想，读者就可以在接下来的时间里，准确理解作者的主要意思。因此，能否快速准确地寻找关键词，就成为了考核阅读成果的重要依据。

为了更加快速、高效地寻找关键词，读者完全可以借助印刷信息，对文本内容加以辨别。许多文本在印刷的时候，都会对其中一部分内容进行特别的印刷，比如采用斜体字、黑体字、脚注等。毫无疑问，这些信息都是作者特别标示出来，暗示读者加以注意的重要内容。

在略读的时候，读者们对于这部分内容，就可以多分出一些精力去揣摩、理解。如果需要的话，最好是把这些地方一一标注出来。在标注的过程中，读者也可以深入思考这部分信息在文本当中的作用和意义，以及与文本其他重点之间的联系。借由对这些信息的梳理，读者更能够体会到作者的写作思路和情感，这样就有利于正确理解文章的意思。

强化技巧二：灵活调整自己的阅读速度

一篇文本当中的信息总是有详有略，关键信息也只会包含在其中一部分内容中。因此，读者在阅读的时候，就可以根据文章内容的构成与分布，依据理解要求的不同，对自己的读速做出转变。

许多作者在写作的时候，都会采用多段式的写法，将主要观点层层递进，依次展开。从内容来看，最开始的一两个段落，一般都是用于对接下来的内容进行简要介绍，来引出之后的话题。因此这些段落不会包含太有价值的信息，读者在阅读的时候，可以越快越好。

而到了中间部分的段落，作者的阐述和议论一般也会进入到关键部分，这个时候，读者就要适当放慢自己的速度，在阅读时注重理解了。这一时期的阅读主要工作就是分析信息和细节，因此阅读所花费的时间可以略微多一些。在阅读理解当中，对于细节的描述经常会成为文本当中最有价值、也最与问题契合的答案，这是每一位读者都需要重点注意的。

强化技巧之三：着重浏览主题句

从定义上来看，主题句就是文章当中，用以概括中心思想、内容核心、写作意图、思想感情等的总结性的句子。在阅读理解当中，主题句的重要性显而易见。因此，读者最好把这些句子重点勾

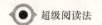

画出来，作为阅读当中的重点进行理解。

主题句的表现形式十分多样，其中四种最为常见：第一，以段落首句的形式表现出来；第二，以段落中间的某一句话表现出来；第三，以段落末句的形式表现出来；第四比较特殊，是段落中没有，需要读者用自己的语言进行概括总结并表达的。

要找到这些主题句，我们首先要明确这些句子可能出现的情况。在这里我们先不讨论第四种形式，专就前三者而言。通常情况下，主题句主要会出现在这四种情况中：第一，转折后；第二，结论后；第三，递进关系中；第四，观点对策中。因此，读者在阅读文章的时候，就可以把目光对准这些地方，快速地进行寻找。

主题句对于理解文章有着重要的意义，尤其是在限定时间的阅读理解中，只要能够找到主题句，其余的细节甚至完全可以跳过而不加详解。这也是读者在阅读当中需要谨记的一个要点。

以上三种训练方法都极为简易，用在阅读理解当中也十分高效。因此，在日常的阅读中，读者也可以试着经常练习、不断提升。

略读的注意事项

无论如何我们都必须承认一个事实：随着时代的发展，人们的生活节奏是越来越快了。在这样的时代背景下，人们只有提高自己的阅读效率，才能进一步提高自己的学习和工作效率。略读法毫无疑问是一种能够快速捕捉信息的阅读方法，尽管略读的过程中会跳过大量文本，但读者切忌盲人摸象，必须对文本当中的部分内容加以足够的重视。

略读需要注意的第一个地方，就是首句和尾句。

在阅读当中，有一个著名的首尾句原则：做阅读时，读者可以通过阅读文章的首句、尾句来确定文章的主要内容，中心思想。一般来说，文章都会讲究一个起承转合，具有一定的结构，如记叙文、议论文等文体通常都会采用总分的结构方式。首句一般会开门见山地谈到文章的中心、立意原则；尾句则会就本段的主要内容做出总结。因此，文章的结构当中，也体现着作者的一种思维。

如果读者能够充分利用好首尾句，在阅读时就可以更加准确、快速地把握中心，减少阅读时间，对文章重要信息之间的呼应关系和整体脉络形成清晰的了解，快速掌握文章的大意。放在阅读理解考试中，这种优点会体现得更加明显。因此，不论是在何种情况下，段落的首尾句都应该成为读者关注的重点内容。

略读需要注意的第二个地方，就是主题句。

在上文中我们已经提到了主题句的重要作用：主题句是一个段落中最为重要的句子，在阅读理解的时候，我们甚至可以跳过其他、只看这一句话。在平常的阅读当中，主题句也同样应该成为读者关注的要点。

主题句是对一个段落大意最为凝练的总结，在需要对文本内容作出重大取舍的快速阅读中，主题句是断然不能舍弃的。只有明确了段意，阅读才能向着理解的阶段前进；否则，阅读就与胡乱翻书一样毫无异处。

主题句的寻找窍门之前也已讲过，这里我们还要提醒读者的一点就是，对于主题句，读者要做到整体把握，不能孤立看待。只有这样才能对文本有更加深入的了解。

略读需要注意的第三个地方，就是串联故事。

在那些记叙性的文学图书或者历史事件资料中，作者们基本上都会按照事件发生的先后顺序，来为读者展开故事。这一类文本当中的内容更显浑然一体，读者要是在阅读的时候将其割裂，必然会对后续的理解造成干扰。

既然故事是一体的，读者在理解的时候，也理应把整个故事串联起来去阅读。尽管书的篇幅很长，我们仍然有更为便捷的掌握方法，比如以时间为主线。

顺着作者在书中铺展的时间线，我们就可以更加准确地掌握事件或者故事的梗概。等到阅读完一本书后，即使由于略读而跳过了许多内容，但我们仍然可以做到有始有终，把握最为重要的内容。不仅如此，当我们日后需要精读的时候，仍然可以在之前略读的基础上，凭借对整本书内容的把握，做到前后兼顾。

略读需要注意的第四个地方，就是六大要素。

所谓的六大要素，是指记叙文当中的 when、where、who、what、how、why，翻译过来就是时间、地点、人物、什么、怎么、为什么。当我们阅读的是记叙类的文字时，对于这六种要素就绝不能漏过。

在一篇完整的记叙性文字中，时间、地点、人物、事件的起因、经过和结果是必不可少的内容，同时，这部分内容往往也隐藏着全文当中最为关键的信息。只有这六种要素齐备，一个精彩的故事才能得到完美呈现；也只有在略读时牢牢把握这些要素，才能在漏过大量旁支的情况下，仍然做到准确把握文章要点。在限时的阅读理解当中，记叙文是最常出现的一类文体，因此读者在日常阅读记叙文的时候，也要反复暗示自己去注意文中的这六种要素，这样一来才能进一步提高自己的阅读准确度。

略读需要注意的第五个地方，就是三要素。

除了记叙文以外，议论文是读者们日常接触最多的又一文体。与记叙文类似的是，在议论文当中，也会有三项必备的要素：论点、论据（要点）、论证。一篇议论文只有同时具备这三项要素，才能保持文章的完整性，并将作者的思想和观点做出最为完美的论述。

对于读者而言，论点、论据和结论也是阅读议论文时，需要重点关注的内容。如果用人来做比喻，我们可以这样说：论点，是议论文的"灵魂"；论据，是议论文的"躯干"；论证，是议论文的"服饰"。在日常交往中，我们唯有同时看到三点，才能对人形成由内到外、由表及里的深刻认识，对于议论文的阅读理解也是同样。

在略读时，大部分内容都需要读者弃之不顾，很多时候需要阅读的篇幅甚至只有四分之一。但即便如此，只要我们能够掌握这三个要素，对于大部分议论文仍然可以较好地把握。因此，在阅读的时候，读者们应当根据议论文的这一特性，有效地把握文章重点。

略读需要注意的第六个地方，就是说明文的要点。

记叙文、议论文、说明文，堪称是日常阅读的"三大巨头"，一般而言，读者阅读时所接触到的，无非就是这三类文字。关于前两者的要点我们已经讲过，对于说明文同样需要加以点出。

我们在日常阅读中接触到的说明文，通常以科普和社会科学类文字为主，阅读的目的有可能是单纯地增长知识，也有可能是为了满足工作需要。但不论出于哪一种目的，说明文的重点内容都是必须掌握的。在这一类文字中，读者最应该了解的，就是文章当中所展现的成就/成果、性能/影响、用途/目的等内容。这些文字虽然很少作为总结性的内容出现，但却常常是一篇文本中最需要读者详

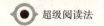

细了解的内容。

略读需要注意的第七个地方，就是应用文的要点。

说起应用文，不少读者也许会觉得陌生，但对于职场中的人而言，应用文却是工作当中最常遇到的一类文字。应用文是人类在长期的社会实践活动中形成的一种文体，是人们传递信息、处理事务、交流感情的工具，有的应用文还用来作为凭证和依据。由于是为处理各类实际事务而写作，应用文也有着惯用格式。

依照不同的划分方式，我们可以将应用文分为好多类，但在各类应用文中，事件、时间、地点等信息十分重要。最明显的例子就是命令、指示、报告、通告等公务文书。这类文字通常都会传达十分重要的信息，并对接收方提出明确的要求或者申请，因此在阅读这一类文字的时候，时间、地点、事件等信息往往就是关建中的关键。

除了公务文书以外，还有一些其他类型的应用文，如财经应用文、银行应用文等。每一种应用文都有不同的重点，需要读者根据实际情况和需要进行重点关注。

略读需要注意的第八个地方，就是先读序目。

一般而言，大部分书的前言只有一篇，但有的时候也会出现例外。有的书是由于先后几次编纂，有的书则是因为请到了各路名家作序，因此在翻开书之后，读者们首先会看到好几篇序言、自序类的文字。尽管略读的要点就是大幅大幅地省略文字，但对于序目，读者还是先读为妙。

略读虽然允许大篇幅的忽略，但是就那些无关轻重的部分而言，对于文字当中的核心内容，读者必须更好地掌握。在各类序文当中，评论者和作者本人通常都会对书中的写作思路和重点内容，进行一些简短的评述；借由他们之口，读者也可以在接下来的略读当中，对重要内容有更加明确的分辨。阅读目录的理由也是如此。

当然，序言之中难免带有写作者个人的主观意志，内容的客观性也会受到影响。此外，每个人的阅读目的也彼此不同，因此读者应当根据自己的需求，用不同的态度看待这部分内容。同时，读者还需要从目录中了解一本书的全貌，再根据自己的需要选择是对某一部分章节重点浏览，还是对全文都进行阅读。

略读需要注意的第九个地方，就是从自身需要出发。

一本书中同时可能包含有艺术、科学、文学等多方面的内容，这些内容也很可能都是作者所要表达的重点。但重点并不是读者阅读的唯一理由，根据自身实际需求来选择，才是最为明智的阅读方式。

不同的需要会迫使读者做出取舍，只选择与自己需求相关的内容。比如，如果我们需要准备演讲稿，我们就应该翻开各类名人的演讲稿，仔细揣摩他们的口吻、语气，以及各种表达方式；如果我们要写一篇内容严谨的论文，我们就应该重点翻阅那些科研杂志，并且力求其中内容的准确、翔实；再比如读者如果是一位需要备课的老师，他就应该参照教学的内容，寻找各种相关的资料。总而言之，不同需要的读者，应该根据自己的需求进行略读。

略读需要注意的第十个地方，就是采用各种阅读方法。

从体裁上看，书可以分为小说、诗歌、散文、科普等各个类型，对于种种类型的书籍，我们应该采取不同的阅读方法。大抵是不同的书有不同的侧重，读者唯有灵活应变，才能准确把握每一类书籍的要点。

比如，对于科普类的图书，读者可以在略读完重点之后，对关键部分进行摘录、做笔记；对小说，读者需要准确把握故事中各位主要角色的特征；对于论述性的文字，读者应该抓住其中的主要观点，并了解作者是从哪些方面、用什么理由来阐述的。

以上十点要求，都是略读当中必须注意的事项，在略读的时候，读者也要进行坚持不懈的训练和大量练习。只有通过反复训练，读者才能实现更加有效而愉快的阅读。

第六节　浏览法

浏览的要点

正常情况下，浏览阅读的速度可快可慢，我们这里所讲的浏览法，是指那种在较短的阅读时间内，通过快速浏览来获取大量关键资讯的阅读方法。

在日常阅读当中使用浏览法，能够使我们的视野得到极大的扩展，使我们的知识得到极大的丰富。使用浏览法的意义在于，平常生活中的许多文章，有价值的内容十分有限，不需要读者进行深入的探索、理解。有的书内容相对肤浅，只需要知晓其大概故事情节即可；还有的书主要是作为工具用书来使用的，只需要从中找到一些关键的资料即可。这个时候，我们就可以利用浏览阅读来取代精读。

从以上阐述中我们就可以知道，在进行浏览阅读的时候，读者的心理活动更多是指向读物的主要之点、新奇之点、争议之点；对于文本中的一般内容、细碎论据、陈言旧说，则要一概舍弃。但是，如果我们在浏览的时候发现了重要内容，就应该立即减慢眼球的运动速度，采取逐行阅读的方法。还有一些时候，我们会浏览到文章中最为关键之处，这个时候，读者们不妨勤动手，把这些地方一一摘录下来，在事后细细品读。

很多时候，浏览和其他快速阅读的方法一样，都是作为精读的前提工作而存在的。浏览的作用就是在通读的基础上，选择需要读者反复品味、琢磨的内容。在浏览的过程中，读者需要明确哪些地方是需要注意的，哪些内容是最有价值的；哪些地方又是可以放弃的，又或者没有太大价值的。通过浏览辨别，读者就可以空出更多的宝贵时间，来精读那些最有价值、最需要自己深刻理解的内容。

在运用浏览法的时候，读者无须像略读那样大幅地跳过内容，这在一定程度上更有利于读者把握重点。但从提高阅读速度的角度来看，浏览的速度也会比略读要低一些。为了帮助读者更好地把握要点，在这里我们需要特别指出浏览当中的一些要点。

浏览的要点之一：注意标题

常言道，看书先看皮，看报先看题。在报纸上，通过标题我们就可以知晓许多的重大新闻。但不仅仅是报纸，任何一本书的标题都值得读者去了解。

标题分为总标题、副标题和分标题好几个层级，根据标题，读者不仅可以明确某章的主要内容，更可以省下一部分精力，顺着每个标题的层级来理顺作者的写作思路。从标题当中，读者也可以大致判断出哪一章、哪一节更可能是书本的重点，更值得自己在后续的精读中去"攻克"。

浏览的要点之二：翻阅前言后记、出版说明或作者的话

在前言和后记当中，通常都包含着作者或编者的许多意图。文

章中的前言，多用于说明文章主旨或撰文目的，也可以看作是全文内容的精华版；后记除了用于说明写作经过或评价内容之外，更是对全书内容的升华。有时作者还会故意用后记的形式，对某个问题提出引人深思的看法，引发读者更深层次的思考。因此，这部分内容对于阅读也有着很大的启发意义。

出版说明则是由出版方所写，根据具体出版物的不同，说明内容各有侧重，都是为了帮助读者用最快的时间，了解全书的要点。还有一些出版说明，会顺带列出读者需要注意的地方，如原作的立场、观点、论据等内容。这些都有助于读者在阅读时避开原书的缺陷或误区，达到更好的理解。

浏览的要点之三：阅读绪论或导言

绪论或导言更多地会出现在学术型文字中，内容包括选题的价值与意义、文献评论、资料和方法、各章节的主要内容及逻辑安排等。绪论的意义在于彰显自身与已有成果的差异，强调自身的独特性，以及全文写作的基本思路，借此帮助读者更好地把握全文，并激起阅读的兴趣。

此外，借由绪论，读者也可以在浏览的过程中，把握文章的主要内容和体系，了解文章的结构框架，从而对全文内容做出准确的判断。

浏览的要点之四：浏览目录

关于目录的重要性，在之前的阅读方法中已经多次提到，浏览当中，目录仍然不可小觑。读者要通过浏览目录来了解读物的结构和要点，以便于自己更好地熟悉全文，在接下来的精读中避轻就重，掌握关键。

浏览的要点之五：选读主要段落和章节

在快速阅读的时候，读者的目光理应更多地集中在文章的主要段落和章节中，这是用最短的时间获取信息的必然要求。在运用浏览法的时候也不例外。

在浏览的时候，即便跳过一些章节也无所谓——只要读者能够对主要部分进行阅读并找出重点，在此基础上就可以得出文章的梗概。因此，浏览的时候，读者一定要做出明确的取舍。

浏览的要点之六：制作索引或卡片

之前曾经提到，浏览法经常是作为精读的前奏存在，而非独立运用。在浏览的时候，读者的重要工作之一就是把握文本重点。但在那些字数庞大的书本中，关键信息总是分散在各处，需要读者在阅读时多次跳跃。

许多读者在快速浏览完后，虽然能够记住要点，却不能够准确翻到这些重点部分，这在无形中拉低了精读的效率。为此，在浏览时轻轻动笔，将这些要点的内容（人名、地名、词语、概念或其他事项）和页数一一记录，做成索引或卡片，无疑能够在接下来的阅读中省下更多翻书的时间。

浏览的要点之七：检阅参考书目

许多作者在写书的时候都会大量参考、旁征博引，对于读者来说，这些参考书目可能同样有用，甚至更有价值。因此，在浏览完正文之后，读者可以进一步确定读物的分类和相关书目，以便自己进一步浏览，扩大自己的知识面。

浏览的几个方面

在运用浏览法的时候，读者必须要做到有所侧重，同时尽可能地

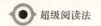

全面掌握。为了做到这一点，在浏览阅读的时候，就要注意四个方面，或者说四重步骤：推敲篇名、宏观浏览、浏览正文、回忆所得。

第一个方面：推敲篇名

细心的读者即便是从篇名和书名当中，也能够看出作者的基本观点，甚至以此来推断文章的主要内容。因此，在浏览一本书或者一篇文字的时候，读者应该先从篇名（或者标题）入手，对这部分内容稍加留心和琢磨。有的时候，只要看完了篇名，对于正文部分就可以完全略读而过。最常见的就是标题内容明确的报纸板块了。

在推敲篇名的时候，读者也可以适当地放宽一下思路，反问自己从这个标题当中，可能推测出几重含义或哪些方面的重要内容。接下来，读者就可以在浏览的时候，对文中内容的重要程度有更为明确的分辨。这样一来，读者在浏览的时候就更能把握重点部分。

第二个方面：宏观浏览

所谓的宏观浏览，就是在浏览正文之前，先对书本（文章）的序言、目录、提要、题解、要点、索引等部分做出全面的了解。了解这部分内容是为了让读者在接下来的正文浏览中，更好地把握文字内容。

1. 序言

序言也叫作"叙"或称"引"，通常情况下都会写在文章的一开始，但也有一部分会写在书后，这个时候又被称为"跋"或"后序"。序又可分为自序、他序，其内容既有对书籍编纂和作者情况的介绍，也有对正文内容的评论和对相关论点的研究阐发。一般而言，自序偏于说明作者宗旨、撰写经过、编写体例等，又或是对文中的重点和难点作简要的阐述；他序则偏向于对作者、作品进行介绍和评论，或对书中的观点作进一步的发挥。通过序言，读者就可以在一定程度上了解正文的大概内容。

2. 目录

目录完全可以看作是一篇文字的纲要，从目录、章节及各级标题中，读者完全能够看出文本当中所要论述的主要内容。目录不仅能够把一篇文字的整体面貌完整地展现在读者面前，更能够直观地告诉读者，每一部分内容分别位于何处。因此，读者在了解文字的大意之时，还能够借此来选择阅读方式，以及阅读的重点内容。

3. 提要

提要又称"内容大要""内容摘要""内容简介"等，是扼要介绍图书内容和读者对象的说明。提要是关于图书内容及其特点的简明扼要的介绍文字，是对原著精华的浓缩、对原著内容的高度概括。

浏览提要的意义在于，它能在阅读的一开始，就帮助读者建立起对文字内容和要点的概括了解，在阅读正文的时候，读者就能更加快速地寻找全文最重要的部分。当然，仅凭提要来判断仍然不够准确，因此，读者对于正文以外的其他部分，也应该多加关注。这样才能对全文得出相对客观的认识。

4. 题解

题解指关于诗文典籍题旨的阐释，简单说来，就是通过对文字的题目进行简要阐述，来对正文进行大致的概括或解释。题解一般会用在各类严肃庄重的文字作品中，比如文选。

通过浏览题解部分，读者就可以大致了解文章或书本的写作背景、现实意义与影响、作者的生平大概等内容，或是凭借题解当中对作品的评价，来指导自己阅读正文、分析主旨。题解也会被不同的作者放在不同位置，有的会在题目的同一页正文后面，用加线条的小字来说明；有的则干脆放在文章的后面。无论是哪一种情况，题解都是帮助读者正确理解、把握作品内容的重要帮手。

5. 要点

要点即是主要之点，在某些书中经常会出现。要点往往是书中各章节的内容提要，其内容主要是对各个章节的论述要点的简要概括，与之前所讲的提要极为接近。通过要点，读者同样可以了解作者在文中所要表达的基本观点和思想感情。

需要指出的是，"重点"与"要点"在定义上，也存在着细微的分歧。尽管两者都可用于表示事物中的主要内容，但重点侧重于指同类事物中重要或主要的部分；而要点所表示的则是讲话或文章中的主要内容。

6. 索引

索引是将文献中具有检索意义的内容或项目分类摘录、标明页数、按一定次序进行有序编排的检阅工具。有的索引会单独成册，但更多的是作为书中的一部分重要内容出现。

通过浏览索引，读者能够迅速地了解书中相关的人名、地名或问题，更能借此了解一本书创作内容的主要材料来源和理论依据，并在一定程度上了解书本的大致内容。

当然，每一本书的排版设计都天差地别，除了前言和目录之外，提要、题解等其余内容不一定都会出现。但只要书中包含有以上部分的内容，读者都应该加以浏览。通过浏览这些内容，读者就能对全书的真实面貌有更多的了解。

第三个方面：浏览正文

在对全书的整体构成有了一定认识之后，我们就可以开始浏览正文部分了。在浏览正文的时候，最好的次序就是从前到后依次阅读，这是因为正文在内容的安排上，通常也有一定的规律可依循。

正文的开头部分通常不会涉及最重要的观点和内容，但在这一部分文字中，作者经常会提出自己的论题和论点，以及本篇论述的目的、意义，还有文章的叙述纲要和论述方法。通过浏览这些内容，读者更能够把自己代入到作者的视角，顺着作者的思维和逻辑，对文中将要讲到的观点进行思考。同时，读者还可以依据开头判断后文内容，这对于加深文章理解有着很大的帮助。

阅读完开头部分之后，读者们就需要重点浏览正文的中间部分了。这一浏览过程中，读者们应该做到有详有略。面对所有篇章，读者应该重点浏览包含有关键信息的章节；对于章节中的各个段落，读者也要把包含有主题句的段落作为重点阅读内容。

最后要读的是结尾部分。为了更好地表明自己的观点，作者有时候会把结尾部分独立出来，以结束语的形式来进行内容阐述。这一部分内容尽管字数有限，但却包含着作者对全文论述问题的简要归纳、总结，是作者最终要得出的结论。因此，在读结束语的时候，读者要把这部分文字与开头部分进行细心对照，这样可以让自己对文章的印象和理解都更加深刻。

第四个方面：回忆所得

在浏览的过程中，读者们势必会接触到许多信息，对于这些信息，我们不能仅仅了解完事，而要做到整体的串联。因此，在浏览完全文之后，读者应该合上书本，仔细思索、回忆书中的重要内容，形成总的印象。如果在回忆的过程中，读者发现自己对一部分重要内容回想不起来、又或是无法理解其中的逻辑、又或是从中发现值得深入研究的问题，就应该及时做出回应。对于自己印象不深的部分、无法理解的部分，读者可以再次翻开书进行阅读，思考其中的因果关系；对于蕴含着更深价值的内容，读者可以及时记录下来，根据自己的需要和条件来选择何时进行精读。

在日常的阅读当中，浏览法的主要方面大致就是如此。但每一本书、每一篇文字都有着自己的特征，这也需要读者们在阅读的时候多加注意，根据自己的实际需要，对文字内容进行合理的掌握和准确的阅读。

不同书的浏览方式

通过之前的介绍我们不难看出，浏览法是一种极为便捷、高效的快速阅读法。浏览法也有着很广的适用范围，例如，在我们需要短时间内大量翻阅书籍，却又无法逐一精读的情况下，就可以使用浏览法；当我们出于兴趣或某种需要，阅读那些包含有重要信息、却又比较晦涩难懂的书籍时，也可以通过浏览法来把握重点内容。通过浏览法，我们可以利用有限的时间阅读更多的书籍，以此开阔视野、拓宽自己的知识面。但是，考虑到不同类型的文本各有其特点，我们也要在浏览的时候，根据文本的不同来灵活调整阅读速度，用最短的时间来提升阅读质量。

第一，如何浏览教科书

教材的内容也可称得上是"包罗万象"，阅读者主要是学生。由于对教材的学习都是随着课时进行，因此作为学生的读者，相比之下可以省下不少力气。当拿到一本新教材的时候，学生可以利用空余时间，将整本教材的内容进行总的浏览，以便熟悉教材当中的大致内容和内容分布。具体到教学、学习环节中，学生可以对老师接下来要讲到的内容再次进行浏览，为的是在课堂上学习的时候，能够更快更准地阅读，为精读和背诵打下基础。

第二，如何浏览报纸

在所有的文本媒介中，读报纸大概称得上是最简单的事情了。在进行新闻编写的时候，报纸发行方就会考虑到读者阅读的需要，在内容选定、文字编撰、排版设计等各个环节力求便捷。因此，读者浏览报纸的时候，也很容易就能把握关键信息。

如果我们经常阅读报纸，就会发现这样一个事实：任何一则新闻的标题，往往就是新闻内容的结论。通常情况下，报纸新闻的内容设置是这样的：第一段，是对全篇文字的概述；后续各段的报道内容，其中信息的重要程度依次递减。因此在浏览报纸的时候，读者们可以优先阅读报纸上的大字标题，以及相应内容的第一段。最后才是浏览其余各段，同时，只需要在自己感兴趣的地方加以注意或稍作停留即可。

第三，如何浏览小说

小说称得上是当今时代人们最爱阅读的一类文学体裁，阅读小说本身也是一个既有趣又享受的消遣过程。此外，有许多小说的内容并不复杂，因此读者即便是快速浏览，也几乎不会造成理解上的困难。

此外，浏览小说也可以对我们的阅读起到有效的帮助，这是就另外一部分优质、精品小说而言。这部分小说不论在从文学性还是艺术性上，都具有很高价值。值得读者用心浏览。因此，读者更要把这些小说看作提高阅读能力的工具，而非消遣读本。

当我们翻开一本经典小说的时候，首先应该从头到尾进行浏览，这一过程中，读者需要重点浏览的是小说的故事情节、时代背景、人物刻画，以及作者通过故事想要表达的思想感情。很多时候，这些要点需要通过多次的浏览才能逐步体认，因此即使多次阅读，读者仍然能有所收获。

此外，浏览小说的时候，我们还需要在心理上先后经历两个阶段：了解、评判。在第一个阶段中，读者们是通过浏览来了解内容大概，并在脑海里对小说的整体情节进行默想和构思；第二个阶段中，读者需要在之前的认识基础上，对小说的内容和观点进行评价和批评。这样做既可以使读者了解到小说的内容，更能够对其内容做进一步的阐发。

浏览的注意事项

很多人都错误地认为，只有在精读的时候，他们才需要在阅读的各个环节多加注意，在快速阅读的时候，则不需要过多讲究。然而事实恰恰相反。强调要保证质量的快速阅读，对于读者的要求半点儿也不会少。即便是在看似平淡无奇的浏览当中，读者们也需要在以下几个方面加以注意。

第一，根据内容来选择是否浏览

每一本书、每一篇文章的内容价值都有高低之分，一篇文本之中的内容，也有重要次要之别。对于这些不同的地方，读者们应该采取不同的阅读方式。

一般来说，那些简单的资讯类文字不需要费心阅读，读者们的初衷也是获取更多信息。对于这类文字我们就可以采用浏览法。此外，还有一些文字虽然字数庞大，但却没有多少价值和可读性，例如风靡网络的快餐文学，这类作品也只需要浏览阅读即可。当然，如果遇到书中的那些精彩片段，读者们也可以稍加细心去品味。

对于那些世界名著，或者拥有很高价值的学术作品，读者们最好是采用精读的方法。但有时候，这些文字当中也有一部分不那么重要的、相对贫瘠的内容。读到这些地方，读者们也可以不求甚解，快速浏览而过，而不需要苦苦琢磨其中深意。总之，读者在阅读时头脑要时刻保持清醒，宏观把握全文重点，根据不同内容的重要程度和自身需要灵活掌握。

第二，随时调整浏览速度

读者们无论如何都要明确一点，快速阅读始终不能与阅读效率割裂。之所以要快速浏览，是为了利用有限的时间了解更多的内容，因此，我们才需要提高自己的阅读速度；但反过来说，如果我们仅仅是追求高速度，却不注意对文字内容进行把握，那么读到最后很有可能发现，自己对文本内容一片模糊，甚至于一无所获。因此，读者要在浏览过程中兼顾速度与质量，或者说得更明确一点，速度始终要满足浏览的质量。在一开始进行浏览训练的时候，读者们既不能太慢吞吞的，也不可操之过急，而要以"稳妥中的快速"作为浏览的标准。

第三，浏览时需要走心、动脑

浏览并不是出于无心之举，而是带有明确目的地阅读。在浏览的过程中，读者同样需要让大脑高速运转，解析从眼睛那里得到的信息。因此，读者不仅要快速阅读，还要边想边读，争取把所有重要信息都消化理解，转化为自己的知识积累。

在快速浏览的过程中，我们必然会多方涉猎，了解到许多的知识，但这种知识的获取更多是出于无意，而非有心，效率也很是低下。在浏览时，我们要带着高度的积极性，主动地、有意识地把知识变为自己的储备。

第四，动脑的同时多动动手

浏览的过程中我们需要对文本信息进行接收与理解，这个时候，我们的大脑也不可避免地需要运转。但仅仅依靠大脑的记忆，无法做到对所有内容都充分掌握，因此，在浏览的时候，我们的手也不应该闲下来。

在浏览之前，读者们应该准备好纸笔，随时准备对文本当中的重要内容进行勾画、摘抄。这样做既有助于加深大脑的记忆，更有助于自己在读完之后进行内容梳理。此外，有些资讯在以后可能还会用到，在浏览时记录下来，以备不时之需。

第七节 鉴别阅读法

如何快速的细品

快速阅读法最让人担心的就是理解跟不上的问题，除此之外，人们常常还有另一重担心：阅读速度太快，是否也会给品读文章带来一定的困扰。事实上，我们大可不必为此苦恼。

与传统阅读相比，快速阅读还有另一个名字，叫作"全脑阅读"。全脑，顾名思义，就是在阅读的过程中，充分发挥大脑的力量。在全脑阅读当中又包括许多具体的速读方法，除了之前介绍的几种以外，还有一种叫作"鉴别阅读法"。

鉴别阅读法是一种快速提炼文章的段意、主要内容以及中心思想的阅读方法，它有一个硬性要求，在阅读的过程中，读者要做到以页为单位。拿到一本书以后，读者首先要把整本书快速翻阅一遍，并在翻阅的过程中，初步判断出书中是否存在有价值的内容，以及这些内容的分布范围。这一过程中，读者不可避免地要对全文内容做出比较、鉴定，因此才会叫作鉴别阅读法。

面对不同厚度的书，我们的读速自然不可能完全一致，但无论何时，"快"都是一项基本要求。如果是单行本一类的文字，通常情况下我们可以把时间限定在 10～15 分钟之内；如果是那些较厚的大部头，我们也可以根据其内容，将之细分为几个部分逐一速读。总之，鉴别阅读的基本要求就是，读者必须在最短的时间内，掌握一本书的内容大要。

为了保证阅读速度，在进行鉴别的时候，我们自然也无法一字不漏地阅读全文内容。从心理上讲，这个时候的读者，更多的是俯视这本书，而非面对这本书。所谓俯视，并不是要求读者调整现实坐姿，而是要对书本的内容有宏观的把握，进行掠读式的浏览，也就是我们之前所说的"要以页为单位来看"。

使用鉴别阅读法时，读者需要遵循一定的步骤，借此来掌握文章的重要信息，而无须一字不漏全篇阅读。具体来说，主要是以下三个步骤。

第一，要划分出文章的段落，并寻找到段落的重点句、主题句，或是用自己的话来提炼文字的主要意思。

第二，把之前总结出来的段落大意串联起来，从整体的角度进行理解。同时还要分析文章的重点句、段，归纳主要内容。

第三，开始阅读以后，对于文章的题目、开头段、结尾段以及文章的重点论述部分多加注意，并从中概括中心思想。

鉴别阅读法的要求虽然略微烦琐，但在现实当中，它却是许多人最需要的阅读方式。很多时候，我们的阅读都带有很强的目的性，但与之相对应的，则是浩如烟海的文字信息。走进书店，每天都有新上架的书籍，但我们却无法准确判断这本书是否值得自己去读、是否满足自己的阅读需要。唯有那些有价值的文字才需要我们进行精读，但在精读之前，我们首先必须对书本做出判断。而鉴别阅读法正好能够针对广大读者所面临的尴尬处境，做出合理的辨别、取舍。

鉴别阅读的步骤一——概括段意

阅读当中有一个很明显的事实：想要知道哪一部分比较重要，我们先要知道每一部分在说什么。只有明确了内容，才能进一步推断内容的价值。这就是鉴别阅读法第一步的意义。

尽管在学校的时候，我们就经常被老师要求总结段落大意，但又有多少人对此有过真正的钻研呢？尤其是随着年龄的增长和步入社会，我们所需要阅读的书也越来越深奥，在对这些书进行鉴别阅读的时候，概括难度也会相应提升。因此，我们必须借助各种方法有效地完成对文本段落的高度总结。

任何事情都必须依照一定的原则去做，才能事半功倍，尤其是当我们还受到时间限制的时候。在概括文本段落大意的时候，我们必须遵循八字原则：明确、完整、简要、通顺。

所谓明确，就是要求读者在概括的时候，要对段落内容做出准确的描述，保证任何人（主要是自己）在看到句子的第一眼，就能够明白这段话中的内容；

完整的要求则是，在进行概括总结的时候，读者都必须把所有重点内容都囊括进去，不能漏掉分毫；

简要则是要求读者尽可能地用最短的话来进行总结，以便于自己记忆和理解；

通顺则是要求概括的话语必须通顺，不能过于拗口。

从这八字原则当中，我们多少能够看出，概括段意绝不如我们所想的那般容易。尤其是鉴别阅读经常伴随着时间限制，我们更没有时间坐下来细细推敲、琢磨。因此，每位读者唯有把握某些关键之处，才能够更加准确地对每个段落做出总结。

一般而言，读者可以从以下三个关键角度出发，把握段落大意。

第一，段落的中心句

通常情况下，每一段文字都是围绕着特定角度展开论述，在段落中也必然会有一个高度概括性的句子，也就是中心句。中心句主要出现在段落的首句和尾句，有时也会出现在段中。读者若是参照中心句进行概括，就能很容易把握段落大意。

第二，段落的重点句

在一些记叙性的文字当中，作者在每一段都会用大量的文字来客观描述内容，同时只用很少一部分抒情、议论性文字来表明自己的看法或认识。但这些感想或体会，往往又能点明段落的中心思想、概括出全文的主旨。甚至于读者要是找到这些句子，干脆就可以免去之后的概括工作，因为这些原话往往就是作者明确写出的段落大意。

第三，自己组织语言概括

有时读者会接触到一些散文，在这些散文的某些段落中，作者往往只是随笔而写，并没有什么重点阐发的内容。又或者在某些说明文中，作者会大篇幅地引用他人言论来辅助说明，这些段落也不是作者的主要观点。这个时候，读者们就只能认真地阅读全段内容，通过自己的思考，用自己的话来总结中心内容、概括段意。在这一过程中，读者的阅读主要分为两步。

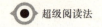

第一步，读者首先要明确段落中究竟有几句话。

第二步，读者要思考这些话可以分为几层、每一次主要讲的又是哪些内容，在此基础上推断全段话主要叙述的问题。这样逐句逐层地阅读、分析，就可以概括出段落的大意了。

除了以上三个切入点之外，我们还可以通过其他一些方法，对文章段落进行概括总结。

第一，摘句法

摘句法相对来说最是简单，读者直接从原文中摘取一句话，作为整段话的主旨。不过读者也需要明白，概括段意必须做到准确，因此这种摘取并不是随意选择，而是要按照一定的要求。摘句法并不能百分百的适用，只是些极为有限的范围。

在那些论述性比较强的文字中，每一段出现中心句的概率很高。只有在段落中出现中心句的时候，我们才可以使用摘句法。与之相对应的，在那些抒情性的文字当中，摘句法往往就不得其门而入了。

第二，过渡句概括法

有的时候，我们所面对的是篇幅较长的文字，作者为了更好地阐明观点，不得不分出许多段落来讲述同一个意思。在这些前后相关的段落当中，经常会借助过渡句来承上启下。多数情况下，这些过渡句既可以概括前文意思，又能够对本段内容做出总结，因此读者可以重点寻找这些句子，借此把握段落主旨。

第三，合并归纳法

不论是摘句法还是过渡句概括法，其使用范围都相当有限。使用摘句法的前提在于，段落中确实存在中心句；使用过渡句概括法则要求，段落中必须有承上启下的部分。但我们回顾以往的阅读经历就会发现，这类句子并不是经常出现。

当我们在阅读中遇到这种情况时，就要另辟蹊径，比如运用"合并归纳法"。合并归纳法的运用又可分为两种情况。

其中第一种情况是，在文章的某段话或几段话中，我们可以发现关键词。关键词虽然比句子更简单，但信息也更为凝练。通过组织语言来对这些关键词进行串联、合并，我们就可以归纳出段落的大意了。

第二种情况相对要复杂一些。在一些著作中，作者经常会用好几个大的段落来讲述同一个观点，但在每一段文字中，又只涉及其中一个方面。在这种情况下，我们可以对其中每个段落的要点分别加以提炼，然后将其整体归结为一个意思。

第四，取主舍次法

与合并归纳法的第二种情形不同，有一部分作者习惯于在同一段落中，同时讲述两个以上方面的内容，当然，这些内容是有详有略的。面对这种复杂的情况，读者在归纳段意之时，一定要选择主要方面、舍弃次要方面，并在总结时做到明确、完整、简要、通顺。

第五，提问整理法

有的时候，尽管作者的表述会相对晦涩，但我们仍然可以换一个角度来得出段落大意。比如，我们可以自问自答，找出段落当中的主要内容和主要意思。

第六，列小标题法

列小标题是为了使读者能够更加明确段落的主要内容，借此提炼出段落大意。具体的列举方法有两种：摘录法和浓缩法。其中，摘录法是直接从文中选取句子，浓缩法则是自行归纳、把大致意思

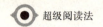

用标题的形式进行表达。

当然，除了这些方法，概括段意的方法还有许多，有兴趣的读者可以自己去慢慢摸索。但以上这些都是最为常见的段意总结法，读者可以根据鉴别阅读当中的实际情况做出取舍。

鉴别阅读的步骤二——寻找主要内容

从过程来看，鉴别阅读法的步骤实际上就是由点到面、由表及里、由部分到整体了解全文内容。第一步当中的概括段意，是将通篇文本分为一个个相对独立的部分来进行理解；在此基础上，我们接下来就应该从整体上去把握文本的主要内容。这是鉴别阅读当中必不可少的一步。在寻找主要内容的过程中，读者不仅要有一定的理解能力、概括能力，同时也要掌握一定的方法。

通过一定的方法，我们不仅能够少走弯路，更加准确地抓住文本主要内容，更能够在阅读过程中省下许多时间。

方法一：通读全文

唯有先对整个文本有明确的认识，我们才能初步判断出文章所要讲述的主要内容，这是最常规的方法。在对文本信息有了大致的认识之后，接下来读者们就应该一部分一部分地品读了。在这一方法中，读者们首先要按照第一步骤，把每段话的大意概括出来，然后进行鉴别、对比。这样，我们就可以比较出哪部分内容是作者要表达的重点了。

方法二：寻找要素

之前我们曾经提到，在记叙文和议论文当中，分别有着不同的必备要素，如记叙文六要素、议论文三要素等。"必备"二字，在某种程度上就已经昭示了文章的重点内容所在。因此，读者们就可以从这些要素入手，探寻文章的主要内容。

比如当我们阅读记叙性的文字时，文中的时间、地点、人物、故事情节等，通常就是整篇文本最为主要的内容。因此，我们可以顺着这些要素，看看作者究竟讲述了哪些内容。如果是学术性的议论文字，文中的论点、论据和论证内容，就是作者所要说明的主要问题。在其他类型的文字中，从要素入手也一样可以快速寻找到主要内容。

方法三：审视标题

标题是一篇文字的重要组成部分，也是文章的眉目。不同类型文字的标题各有其形式，但不论是哪一种形式，其内容终究是以全部或不同的侧面，体现作者的写作意图、文章的主旨及核心。有的时候，一些标题更是会把作者所要表达的观点、内容详细地概括出来，比如鲁迅有一篇演讲稿叫作《魏晋风度及文章与药及酒之关系》，光是看标题，现场的听众和我们这些读者就可以明确整篇稿子的内容：魏晋风度、文章、药、酒。还有一些文字的标题只会表现出一部分内容，但只要我们稍加拓展，就很容易得出主要内容。就比如鲁迅的另一篇文章《中国人失掉自信力了吗》，尽管标题用了疑问的语气，但只要我们认真思考，就不难预测作者所要讲述的主要观点——自信力一直都存在于中国人的心中。

当然，在一些学术性的文字当中，作者所起的标题只是对全文内容进行最高度的概括，我们无法从中得到具体的内容。这种情况下，审视标题的作用就极其有限。但我们仍然可以从中得出文章主要内容的大致范围，然后通过其他方法来概括具体内容。

方法四：阅读始末

既然标题可以成为获取文字主要内容的途径，那么文章的开头

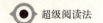

结尾也是一样，甚至会更加直观。

好的开头是一篇文字必不可少的内容，在创作文字开头内容的时候，作者们经常会用到一种直入主题的方法。这种方法的要点在于开门见山，开篇直入本题、揭示题旨、引出主要人物或展开故事情节。

直入主题的写作方法很多，比如"落笔入题"，交代写作缘由；又如"开宗明义"，揭示全文主旨；又如"言归正传"，迅速展开故事；还有"单刀直入"，挑明对方谬误……因此，通过对开头进行阅读，读者就可以把握文章中心、基调及思路。

也有一些开头不会如此直接，因此作者需要根据文字体裁的不同做出判断。但通常情况下，开头当中也包含有一定价值的信息，需要读者注意。

比起开头，结尾的好处在于能够概括全文、升华主题、提出观点、表明情感，而这些内容通常都在文章中占据了重要地位。因此，通过阅读结尾，读者们也可以更加直接地了解文章的主要内容。

方法五：连接段意

在方法一中我们提到通过比较段意来选择重点的方法。但这种方法也只能适用于那些主次详略分明的文字。还有一些作者在写作时，会把自己所要讲述的内容分为好几个方面，层层递进或是分别阐述。对此，我们绝不能强分主次。

对于这一类文本，我们最好的做法就是先从段落入手，归纳出段落大意，然后把这些意思进行连接，将它们概括为一个整体去理解。

这种方法要求读者先从每一段落分别入手，因此通读全文仍然是必不可少的步骤。在通读的过程中，读者也要对每一段内容进行初步理解，而非泛泛而过。

方法六：找重点句

在概括一段话主要内容的时候，我们有时可以直接抽出其中的中心句或重点句，将其作为段意。这一方法同样可以用在寻找全文主要内容方面。从句子到段落再到全文，这是一个层层递进的关系，比起重点段，重点句是对全文主要内容更加精练的总结。尤其是在说理性、议论性的文字当中，这些重点句更会成为对全文主要内容的直观体现。

读者在阅读的时候，可以根据实际情况，直接从各个段落的重点句入手，将这些句子串联起来，得出文章的主要内容。或者读者也可以直接寻找文章当中的重点段落，找出其中的中心句、重点句，作为文章的主要内容来理解。

鉴别阅读的步骤三——归纳中心思想

在写作的时候，作者们经常会按照一定的套路来合理布置内容，最常见的就是"总—分—总"的布局。当我们把目光转向读者，从读者的角度去看待阅读一事时，也要想到按照一定的步骤来理解全文。不论一篇文字的内容为何、体裁为何，通常我们都要按照"综合—分析—综合"的先后顺序来进行阅读。其中，概括段意的第一步骤是综合，寻找主要内容过程中对段落的逐一理解是分析，到了最后归纳中心思想的时候，就又变成了综合。

所谓中心思想，是作者在文章中重点阐明的、贯穿全文的核心，是提纲挈领的道理。为了表明这一核心议题，作者在写作时，经常会想方设法，力求通过各种细节来进行表达。因此，我们也可

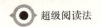

以简单地说，中心思想就是作者希望我们明确的道理和内涵。

只有明确了中心思想，读者才能真正理解文章的内涵，从文章中取得最大的收获。在归纳中心思想的时候，我们也可以按照一定的方法。

方法一：分析文字题目

标题不仅在概括主要内容的时候能派上用场，在归纳中心思想的时候，同样能够助读者一臂之力。由于标题的言简意赅，在一篇文章当中常常能起到画龙点睛的作用，把中心思想直观地表现出来。

方法二：重视开头结尾

开头部分和结尾部分之中，也常常会出现表现全文中心的语句，读者在阅读的时候，也不能忘了认真分析这些句子与内容之间的关系，从中提炼出中心思想。

方法三：留意论述部分

这一方法主要是就议论性的文字而言，在其他夹叙夹议一类的文字当中，也可以采纳。

有的作者更偏向于把中心思想放在文中的议论部分进行表述，这就为读者的归纳工作提供了极大的便利。虽然有时候作者的文笔会比较含蓄，但只要在阅读时注意其中的议论部分，我们就很容易发现其中的关键。

方法四：留意角色语言

这一方法主要是针对那些以人物描写为主的记叙文而言。

由于这一类文字的重点在于展示人物形象，因此，与人物相关的言语、行动介绍，就是文字的主要内容。其中，人物的语言是人物内心世界的主要标志，从这些话语中，我们往往能够看到作者本人也深感赞同的内容。这部分内容经常会成为文章的中心思想。

由于作者经常会把自己的中心思想寄托在人物的语言中，读者应该对人物的语言重点关注和分析，并从中找到中心思想的相关阐述，将其归纳总结出来。

方法五：留意反复之处

有的作者在论述的时候会偏向含蓄，但另外一部分作者却恰恰相反。对于自己的真实想法，他们不仅会用直白的语言进行表达，甚至还会反复强调。这样一来，即使是对全篇文字全然陌生的读者，也就能很容易看到作者的想法了。

如果在阅读的时候发现一部分内容反复出现，读者们就需要打起精神注意了：这部分反复出现的文字，很有可能就是作者最为看重的，也就是文本的中心思想。对于这部分文字我们应该结合全文做出判断。

方法六：体会主要内容

有些文章的中心思想暗含在文章所叙述的事物当中，读者必须稍费点儿工夫深入理解思考，才能进一步体会作者的真实想法。面对这一类文字，读者必须对其中关键的词、句、段深入理解，统观全文，透过现象看本质，才能准确地总结出文章的中心思想。

人的大脑具有选择和压缩信息的功能，鉴别阅读法正是对大脑的这一思维特点进行了合理的利用。在鉴别阅读的过程中，通过寻找文章的段意、主要内容和中心思想。运用鉴别阅读法，我们就可以对文本当中包含的信息进行加工、整理，去粗取精，以达到深化理解、广泛获取知识的目的。

由于鉴别阅读法在理解方面的要求较高，读者在阅读时，也必须保证自己的注意力高度集中、保证大脑思维处于积极活跃的状态，这样才能保证阅读的质量。想要熟练运用鉴别阅读法并不是朝夕可成，读者需要带着高度的耐心，逐步练习、慢慢掌握。在最初的练习阶段，读者不必过于强调快速，随着时间的推移和不断熟练，阅读的效率自然会显著提升。

第四章
速读技巧与训练

　　在上一章的内容中，我们介绍了目前最为主流的几大速读方法，相信读者们对于速读也有了一定的了解。但了解并不等同于掌握，即使知道了该怎么读，能不能成功地读，仍然取决于读者个人的阅读能力。这种阅读能力不可能一蹴而就，读者还需要多方准备、积极尝试，主动进行能力锻炼和提升。

　　在多年传统阅读的熏陶下，读者想要转变阅读模式，提升阅读能力，仅仅凭借掌握速读方法是不够的，还应该明白一些具体的技巧和训练方法。通过之前的介绍，我们已经明确了速读与眼脑之间的关系，这些技巧和训练方式也主要是围绕着人体本身进行。

　　速读的技巧和训练，必须是一个全面综合的过程，对眼、脑的锻炼是最基本的，阅读节奏和理解记忆也是需要兼顾的，同时读者还要学会深入把握文字内涵。可以说，训练本身并不比掌握速读方法简单。但如果我们想要更好地阅读一本书，就必须掌握这些技巧、经受这些训练。

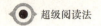

第一节　速读技巧

注意单字

在进行传统模式的阅读时，我们都曾经有过这样的困惑：尽管我们逐字阅读，但却经常无法理解一句话，甚至一段话的内容。如果把原因仅仅归结为失神或者大脑不灵光，显然就太过偏颇了。事实上，造成这种困境的更深层次原因，在于单字与词义之间的不同。

表面看来，小到一个词汇、大到一篇文本都是由一个个的单字组合而成，但是，当这些单字组合在一起的时候，它们的含义却已经有了翻天覆地的改变，包含了更加丰富的内容。如果我们在阅读的时候仅仅抓住其中一个定义，就会在理解整篇文本、整个词汇的含义时产生偏差。尤其是文本当中那些重要的单字，如果我们不加注意，甚至会在阅读完成后造成新的困惑。

反言之，如果在阅读完成后心存困惑，这往往就表明我们在理解上与作者产生了冲突，或者更进一步，就是在某些单字的定义上没有达成一致。为了促进理解、提升阅读效率，我们必须要准确把握每一个单字的含义，进而找出文本当中符合作者原意的词义——这样一来，阅读才能成为读者与作者之间的有效沟通，让理解变得更加可能。

这里我们先暂且不论以获取资讯为目的的阅读，单说以理解为根本出发点的阅读。要理解文本就不能脱离其内容，这些内容的基本构成单位就是单字、单词。但即便是一个简单的词汇，其中的含义也与单字大有区别。

譬如我们现在所讲到的"阅读"。"阅读"是由"阅"和"读"两个单字组成，但这两字又分别有着好几重意思。"阅"虽然与"读"的含义相近，但字义之中又包含有"审核"的意思，此外还可理解为"经历""容许""本钱""汇集"这好几项天差地别的含义；而"读"字也包含了"朗读""看（书）""学习""识取"这几重含义。

让我们再试着把"阅"和"读"整合为"阅读"，从字面上看，似乎含义变得明显了不少，然而事实却并非如此。在本文开篇第一章，我们就已经讲到阅读的三个阶段：获取信息、处理信息、创造信息，这三个阶段其实就体现了阅读的其中两个意义：获取信息的阅读和理解性质的阅读。当然，阅读的含义还不只如此。

好在"阅读"一词本身的含义相对来说还算明白，但在实际阅读的过程中，我们经常会遇到一些似是而非、含义迥然的词汇。比如鲁迅的诗中有"忍看朋辈成新鬼，怒向刀丛觅小诗"一句，其中的"忍"反而是"不忍"之意。此外还有更加容易误导人的，比如"乱臣"。说到"乱臣"，读者们很容易就会想到"乱臣贼子"这样的概念，然而事实上，"乱臣"本身竟然包含着"善于治国的能臣"之意。如果不详加辨别的话，读者们的理解很容易就会走向偏差，或者如坠云里雾里。

从这些例子当中，我们不难看出这样一个事实：一个单字会同时包含多重含义。不仅如此，同一个词义又有可能通过多个不同的单字加以表达。因此，为了提高自己的理解能力，读者就必须对作为文本基本单位的每一个单字做到尽可能的理解。

如果单字的含义与词义完全一致，理解通篇文本就不再是困难的事，但单字的组合通常都不会顺遂我们的这种心意。那些重要的单字，又确确实实会对我们的阅读理解产生很大的作用，因此我们必须尽可能地做到"两个精准"。

第一个精准，就是准确找到这些重要单字。理解一本书的过程就是与作者进行精神交流的过程，通常情况下，如果我们对某一段话无法理解，就表明我们与作者的思想出现了分歧——这也往往意味着读者与作者在某些字义上存在着分歧。因此，读者们就可以好好审视这段文字，从中找出那个阻碍理解的单字。

第二个精准，就是准确理解这些单字在使用时，最准确的那重含义。只有这样，读者才可以透过文字更加准确地理解作者的中心思想。

哪些字词可能会很关键

在之前的阅读方法中，我们也曾略微提到了对关键字词的运用，但那只是粗浅的介绍。在运用关键字词来理解文章之前，我们多多少少还应该了解一些掌握关键字词的方法。

就像一篇文本当中的重要内容只占一小部分一样，一篇洋洋洒洒的文字当中，能够称得上关键字词的也只有少数，这也是"二八定律"（一组东西中，最重要的只占 20% 左右，其余 80% 尽管数量多，却是次要的）在文字内容上的体现。所以读者在速读的时候，也没有必要过于担心，毕竟，大多数文字内容的重要性其实并不是那么突出，尽管我们还是以尽量全部掌握为上。但更为重要的是，我们如何找到一篇文字当中，比其他文字更重要的部分文字，以及比这部分文字更重要的文字……层层筛选过后，剩余下来的就是最重要、最需要我们掌握的部分了。

考虑到现实情况，许多现代书刊的阅读难度相对来说不是很高，因为生活在同一时代背景下，人们的语言风格都是相对接近的，即便关键字词隐藏在文本当中，大家反而更容易找出——谁让大家的逻辑思路和文字运用比较一致呢？但放在那些年代较为久远，甚至是古籍经典当中，阅读就不是那么容易的事情了。毕竟，不同年代的人在遣词造句风格方面各自有异，再加上有些字的含义也有了完全相反的变化（比如之前提到的"乱臣"），这些都是文本当中的关键字词，也是理解当中的陷阱。

为此，我们一定要充分明确如何寻找关键字词，这样才能在最基本的层次上，保证阅读的速度与效率。尽管关键字词是一只狡猾的狐狸，但我们如果掌握了好的方法，就像是拥有了嗅觉灵敏的猎犬那样。

方法一：了解词性

一篇文本当中的词汇量再大，也必然会归属于一定的类别，按照类别统统归类而非逐一揣摩，读者眼中的词就不会那么繁复了。就以现代汉语为例，所有的词汇都可分为两类十二种词性。其中一种是实词，包括名词、动词、形容词、数词、量词和代词；一类是虚词，包括副词、介词、连词、助词、叹词和拟声词。一般而言，关键字词都会出现在实词当中。再考虑到部分关键字词可能出现的频率较高，读者们就可以相对轻松地找出关键字词了。

方法二：解决疑难

在阅读过程中，我们经常会遇到一些疑难困惑之处，给理解带来一定的困扰。其实这个时候读者们更应该不惊反喜。要知道，当我们对某段话心存疑问之时，就表示我们对于其中的部分词汇并没有完全掌握——换言之，这段话很有可能隐藏着对全文都至关重要的信息。为此，读者应该仔细查阅文本当中的每一个词汇，看看造成理解困境的究竟是哪一部分。如果我们找到并弄懂了这一内容，也等于是为接下来的阅读拔除了一重潜在的阻碍。

方法三：找标记词

有一些作者的文风是十分简明的，遣词造句的时候都会为读者考虑，尽量避免使用那些含义复杂、生僻的词汇；还有一些作者会更进一步，对关键之处反复强调，或者干脆做出标记，比如斜体字、下划线、加粗、加黑……在阅读的过程中，如果发现其中有特别标记出来的地方，我们就可以直接围绕着这些词汇来理解整个文本。

方法四：重视专业术语

在某些特定知识领域的书本当中，由于内容的专业性所限，作者必须借助一定的专业词汇，才能更加准确地表达观点，这同时也给读者的理解带来了机会。读者们只需要事前把握与某本书领域相契合的术语，就可以更好地理解全文。而想要把握这些术语，我们首先要明辨不同知识领域的术语有哪些。

譬如，在管理领域，专业术语主要有人力资源、企业文化、计划、组织、协调、控制、决策、评估、奖惩等；在经济领域，专业术语主要有财富、土地、资金、商品、价格、利润、劳动力等；在生物学中，细胞、蛋白、胚胎、繁殖、性状、种属等词就是专业术语……通过了解一部分专业术语，我们也可以相应地联想出更多的专业词汇，在阅读时就容易把握重点了。

对于关键字词，我们还可以反其道而用之。有时候我们翻开一本专业性较强的书，难免会被其中一部分不常见而又反复出现（也可能只是稍微提到）的词"绊倒"，毫无疑问，这些肯定是与内容密切相关的关键字词。接下来，读者只需要重点理解这些关键字词就可以了。

方法五：留心作者的反驳

这一方法在论述性的文字当中更为适用，尤其是那些评述、针砭他人观点的文字当中。对于某一个概念的认识，作者可能会与其他人产生分歧，并将这种分歧以及自己的看法全部写入书本中。因此，当我们看到作者在书中提到别人对某一词汇怎么理解、而自己又是如何理解时，我们应该立即想到，这个词汇对作者、对本书的整个内容来说，都有着非同小可的意义。

以上这些方法，都是经过许多人精心总结而成，单凭这一点我们也可以看出掌握关键字词对于阅读的重要意义。在现实当中，尽管读书之人不在少数，但其中大部分人对于词汇的重要性却没有充分的认识。这正是造成读者阅读理解水平有限的重大原因之一。因此，读者们在阅读的时候绝不能掉以轻心，对于自己心存疑惑的字眼即使不愿详细了解，也应该特别注明；对于那些可能存在重大歧义的地方更是不能忽视。只有这样，阅读才能向着理解的阶段不断深入，读者也才能够得到更多的收获。

明辨字义

在找到关键字词后，我们接下来还有一项工作要做，就是明辨这些字词在文本中的具体含义，以便于我们进一步理解文本内容。否则，我们很有可能会想当然地得出与作者观点完全相反的理解，比如"予有乱臣十人，同心同德"。

人类的语言文字表述太过丰富，在某一作者的同一本书中，同一个字词出现在不同地方时，也很有可能会代表着不同的含义。当然也有一些字词的含义是单一的，又或者作者通篇只采纳某一字词的同一含义。但这种情况是我们在事前无法预料的，只有在阅读时仔细辨别，我们才能明白究竟、理解作者的真正想法。

要想厘清这一团乱麻似的字义纠缠，我们也可以借助一定的方法。但在我们使用这些方法之前，我们首先要明确，自己所关注的字词究竟只有一重含义，还是包含多重意思。如果有多重意思，我们就应该对这些含义进行比较，看看彼此之间有何异同，最后再对该字词所有出现过的地方进行审视，看它究竟是用了哪一种意思。这样一来，阅读当中的理解才不会受到影响与束缚。

理解字义的方法主要有以下两种：

第一，参考定义法

在某些说明性的文字中，作者为了让读者更加全面地理解自己的观点，不仅要对自己的观点进行论述，还要对观点当中涉及的部分字词概念进行阐述。这样一来，读者们也就可以省下一番力气了。比如上学时期的数理生化课本，就经常会提到一些名词，并在之后对其的定义进行解释。这是一种最为直观的定义参考法。

抛开学校课本不谈，在那些社科类的相关书籍中，作者为了让读者尽可能地理解，也经常会对一部分关键字词进行注释。通过这些注释来理解字词，显然是一条最为便捷的路径。

第二，结合上下文理解法

有的作者在论述的时候喜欢绕圈子，或者悬而未决、欲扬先抑，把关键字词包裹在重重句子当中，就是不给出明确的解释。这种写作方法显然会给读者带来理解上的重大困扰。但幸运的是，通过日常积累，再加上对相关上下文的理解揣摩，读者们可以在一定程度上推导出这些字词的含义。

在辨析字义的时候，我们也会遇到这样的情况：对某一个字词做出了自认为正确的定义，却在之后的理解当中发现无法自圆其说，又或者发现了更加准确的总结。这个时候，我们就必须纠正自己的错误认识，避免在之后的阅读中造成新的理解障碍。

总而言之，这就是在阅读过程中，准确理解字义、把握字义的一些要点，但在实际运用的时候，我们仍然不能有丝毫大意。要知道，出现在书中的每一个字都并非死物，而是活灵活现不断变化的。读者们必须跟得上这种变化，才能追得上作者的想法和思路。

正确认识作者，避免偏见

随着阅读阶段逐步递进，获取资讯于我们而言就不再是最重要的了。重要之处在于，我们必须充分理解作者在文本中所要表达的观点，并在此基础上做出相应的认定。当然，认定的前提就在于我们首先要看懂整个文本。

阅读一本书就等于是与作者进行交流，而且这种交流可以省下更多的废话，直入主题。正因如此，读者也很容易从一本书中看出作者的思维逻辑。在阅读那些好书时，单单凭借书中完整的架构、清晰的条理和充满逻辑的论述，我们也可以看出这本书的优质和作者本人的智慧；而那些胡编乱造的书籍，通常不仅框架混乱、不成体系，其中的内容也常常互不相关，甚至前后矛盾、难以自圆其说。从这样的书中我们很容易找出毛病，自然也就无法对作者的想法观点产生认同的心理。

从这一点来看，与作者的交流更像是一场交锋，事实上，阅读的最终阶段，也正在于通过思想的碰撞而诞生新智慧。要产生新智

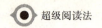

慧，读者们就不能完全跟着作者的意志走，而是必须要进行独立的思考，甚至故意与作者"抬杠"。

然而"抬杠"也确确实实是一种容易剑走偏锋的举动，读者个人的主观倾向也常常会造成认识理解上的偏差。为此，在阅读的时候，读者更要注意理解作者所要表达的真实想法。

比如孔子在《论语》当中那句著名的话"民可使由之不可使知之"，这就是一句可以多方解读的话，自古至今流传下来的断句方式，至少就有"民可使由之，不可使知之""民可，使由之；不可，使知之""民可使，由之；不可使，知之""民可使，由之不可；使知之""民可使由之？不，可使知之"这五种。从具体的意思来看，既有强调愚民政策的，也有强调顺其自然的，还有强调重视教育的，这些解释之间甚至有着水火不相容的冲突。当读者们都是带着各自的主观情绪去片面看待这句话时，我们就不难理解，为什么今日的孔夫子会被人们贴上各种或褒或贬的标签，就连儒家思想也受到了来自社会的不同评价。

显然，这种偏见只会对我们的阅读和理解造成困扰，即使读书再多，仍然围于自己的思想牢笼，无法创造出新的信息、完成阅读意义的升华。因此，读者在进行阅读的时候，始终要把理性的思维放在首位，避免个人主观情感倾向的误导。所谓的理性思维，主要是以下三点。

第一点，避免情绪化

人的身上同时具有理性和感性，在理性阅读当中，感性的情绪化是最应该避免的，否则，与作者精神上的交锋，很有可能就沦为精神上的"找碴儿"了。无论如何，当读者在书中看到作者表明某个与自身认知相冲突的观点时，一定要避免内心情绪的波澜，始终坚持求同存异的理念。

第二点，明确大前提

大部分道理都有一定的前提和适用范围，如果我们忽视作者在论述时隐藏的大前提，或是将自己的前提强加于作者观点之上，这样的精神交流也不啻是一种无理取闹的争吵。

从以上内容中不难看出，在基于一定的前提下，即便是那些长期以来，一直为人们深信不疑的观点，也完全可以推导出全新的、大逆转的结论——当然，也是从情感上为人所难以接受的结论。因此，对于读者而言，明确大前提是一件多么必要的事情。如果我们不明白这一前提，或者给作者强加自己的前提，这种精神上的交锋就不再是公正、公平的较量，而是逞个人意志的强人所难了。

第三点，在阅读时换位理解

比起情感上的冒犯，当读者与作者本就存在着完全相反的观点立场时，正确地看待与理解会更加艰难。为此读者们就需要尽量做到求同存异。但仅仅强调求同存异显然很无力，因为这种立场的分歧与争端往往难以消弭。

为此我们应该在阅读时更进一步，从换位思考、理解的角度来看待作者的观点，并对自己的观点进行反思。不仅不能让强烈的爱憎情绪影响自己的判断，更要准确把握作者的出发点、大前提和论述方向，从他的角度来看待其观点的合理性。

另一方面，在进行思想交锋的时候，读者更应该通过对书中观点的认知，来思考自己的观点是否存在误区、是否有可以填补的空白。这样才能更好地认识自己可能存在的理解谬误，并让自己的观点更加准确、更加具有说服力。通过这种心态的阅读，我们才能真正从书中得到足够的收获。

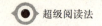

当然，仅仅依靠这样的标准，我们必然无法完全控制自己的主观倾向，与作者的"抬杠"显然也是无法彻底避免的。但无论如何，如果我们能够多一些理性的心态，在阅读时就能够有更加完美的体验。

判断作者的观点是否合理

为了更好地理解文本，在阅读时我们首先要明确作者的观点是否具有参考、采纳的价值。但是像我们所看到的那样，在阅读时，读者个人的思想情感和观点立场，都会对正确地理解带来一定困扰。为此我们提出了理性思维的三个要点，但单凭这三点，仍然不足以对读者的情绪化或偏见产生足够强大的约束。为此，当我们想要对作者提出异议的时候，还可以通过以下几个方面说服自己更加准确地认识作者的观点。

第一，判断作者的论述是否充足

判断作者的论述，更进一步就是判定作者在阐述自身观点时，所引用的知识是否足够支撑起自己的观点。如果在阅读时我们发现作者引用的数据不足以说明自己的论述，我们才有理由初步判断其结论的谬误。

此外，读者们也需要明白的是，如果作者的知识引用已经足够说明问题，那么其余方面的缺失也就不是那么重要了。在一本书有限的篇幅内，作者是不可能把一切知识都装进去的，只要能够解决问题，这样的论述就称得上过关。也就是说，除非作者的论据真的存在与问题密切相关的缺失或不足，我们才可以理直气壮地指出其观点的错误。

我们还可以更进一步地说，如果读者想要坚持作者的观点错误，首先必须找出足够分量的、并且与问题紧密相连的论据。并且找出这个论据之后，可以得出与作者大相径庭的结论。

第二，判断作者的论述是否错误

很多时候，作者的错误就在于论据不够充分，或者以点带面过于偏见。但除此之外原因还有很多。当然，要是一一去寻找这些原因，阅读与理解的效率无疑会大打折扣。因此，我们可以采取更加简单的做法，跳过这些可能错误的原因，直接依据事实来做出判断。比如西方历史上著名的"地心说"与"日心说"之辩。宗教裁判所坚持"地心说"的理由有很多，既可能是思想情感上无法接受，也可能是对信仰和权威的坚守，当然也有可能是缺乏足够的科学认识。但无论如何，通过科学家观测宇宙的真实发现，我们就可以轻易地在这两者之间做出正误的判断。

也就是说，如果我们想要论证作者的某个观点错误，首先我们必须找出明确的事实依据，用事实来驳倒作者。或者至少是这样：我们自身所占据的相反立场，比起作者更具有说服力。这样一来，我们的反对意见才会显得有价值。

如果作者仅仅是在论述中缺乏足够的论据，一般来说只是无法支撑起某个观点，或者无法解决某种问题；但错误的论据和论述，却会将观点彻底导向谬误。因此，抓住明确错误的读者更有资格去判定作者的对错。

第三，判断作者的逻辑是否合理

对于逻辑推理，我们可以这样认定：它是从一般到特殊的推理、是前提蕴含结论的推理、是前提和结论之间具有必然联系的推理，还是前提与结论之间，具有充分条件或充分必要条件联系的必然性推理。简言之，一个合理的逻辑必然是具有连贯性的、前后内容一致的推理。

如果我们在阅读时发现作者的结论和之前的论据对不上号，或者结论与论据所能推导的结果截然相反，我们就可以判定作者的观点是不可采信的。当然，本着准确的原则，读者们最好是额外列举出足以填补，或者颠覆作者观点的论据。这样一来，我们才能更有底气批判作者。

不过用这种方法来判断相对来说难度更大，因为任何一个稍做思考的作者，都不会犯下这种低级的错误。或许他们的论述中会存在一些漏洞，但这些谬误也总是被层层的语言文字包裹起来，很难被发现。但即便是这样，我们也可以从结论上回顾。如果作者的论据完备，得出来的结论却语焉不详、漏洞百出，那么我们也可以判定其在逻辑上存在错误。

第四，判断作者的分析是否完整

所谓的不完整可以体现在多个方面，其中最为直接明了的，就是作者书中的论述并没有推导出最终结论，或解决最初的问题。此外还有许多种情况，比如作者并没有引用更多的数据资料进一步详细说明；没有将所有论据之间的关系进行严密的梳理；或是得出来的结论平淡无奇，没有什么高明之处。

一般来说，除了第一种情况比较明显以外，其余几种情况都不能完全用于否定作者，我们最多只能说作者的论述有限。毕竟在有限的篇幅中，没有哪个人能够做到完全的严密和无懈可击。但是，不完整的论述也会留下大量空白和疑惑，要让读者全盘接受这样的结果也毫无理由。

正因如此，这种判断依据才会被放在最后——只有我们在论据和逻辑上都无法挑出差错、却又不愿接受作者的某一观点时，我们才可以用完整性作为拒绝的理由——如果作者的论述真的明显不够完整。反言之，如果在以上四个方面都无法挑出毛病，我们的情绪就应该让位于冷静与理智，正视摆在眼前的结论。不论结果是不是我们喜欢的，我们都应该加以基本的肯定。

第二节　速读训练五步骤

丹田呼吸法

从字面意思上来看，这个方法充满了玄奥气息，但事实上，这种方法也有着充足的科学依据。或者我们也可以换一个名称，称为"调息训练"。之前曾经多次提到，速读法是一种极其考验读者脑力的高强度活动，这一过程中，读者必须集中精神、严肃对待。为此，在整个阅读过程中，读者的大脑必然消耗大量的新鲜氧气和其他营养物质。这就是为什么人一旦看书时间太久，就会觉得头昏脑涨、容易犯困打盹儿的原因。快速阅读时，读者的速度更是要超过传统阅读的几倍、十几倍甚至上百倍，而且还要保证理解和记忆水平不降反升。因此，在进行快速阅读之前，读者们最好掌握一定的大脑调息、调养方法，这样才能做到事半功倍，不疲不累。

在所有调息的方法中，丹田呼吸法无疑是最为高效的方法之一，也是每一位速读者都应该掌握的基本方法。不仅如此，读者还应该不断加强、深化，始于有意，终于无念，达到无须刻意却自然而然的境界。

当然，这些说法有些空泛，无论如何，我们更需要明确的是这种方法的步骤和科学依据，这样才能更好地了解这种方法并加以利用。丹田呼吸法的步骤主要是以下五步。

1. 端坐在椅子上，背伸直，收颚，闭目；

2. 放松全身的每一处肌肉，坐姿要安稳、舒适。如果感觉到不舒服或者失调，就一直调整到消除不适感觉、感到舒适为止；

3. 呼吸时嘴巴要自然闭住，切不可紧紧咬牙，两颊和嘴唇也要保持放松。呼吸宜采用悠、长、细、静的深呼吸，而不是发出声响的急切喘息；

4. 呼吸要保持一定的频率不变，速度一定要适中。一般情况下，正常成年人吸气 6 秒钟左右即可，吐气时间则为 12 秒。如果说年龄较小的读者（如肺活量相对还小的小学生），吸气可保持在4～5 秒，吐气则是 8～10 秒。

根据数据显示，普通人在 1 分钟内的平均呼吸次数是 17 次，采用丹田呼吸法的时候，则只有 12～13 次。这种频率的呼吸相较于平日，自然会慢得让人不适应。但只要我们多做几次，慢慢就会养成习惯。这种呼吸方式会使我们体内的自律神经活性化，达到身心安宁的结果。

5. 在吐气环节，读者应在脑海中常常自我暗示：吸入丹田的大部分空气都已经吐出，新鲜的空气正在不断的被吸入自己腹内。

在讲述步骤之前，我们曾经提到过"始于有意，终于无念，达到无须刻意却自然而然"的要求，这可以看作丹田训练的"心法"。这其中也有着一定的科学依据：如果在呼吸上加了神经意识，我们的精神就无法彻底集中。因此，读者们一定要学会用无意识的状态进行丹田呼吸。

以上就是丹田呼吸法的步骤，接下来，我们还要对其科学原理进行一番了解。

丹田呼吸法是在腹式呼吸法的基础上，加入腹肌的运动，其原理与腹式呼吸法接近，都是吸气时让腹部凸起，吐气时压缩腹部使之凹入的呼吸法。正确的腹式呼吸法为：开始吸气时全身用力，直至肺部及腹部鼓起仍不停止，而是继续使尽力气来持续吸气，不管是否真能吸入。然后屏住气息 4 秒，此时身体会感到紧张，然后在 8 秒内将气缓缓吐出。吐气时宜慢、长且不可中断。

人脑内有一种名为 α 波的脑波，它是四种基本脑波之一，也是连接意识和潜意识的桥梁，是有效进入潜意识的唯一途径，能够促进灵感的产生、加速信息收集、增强记忆力、是促进学习与思考的最佳脑波。根据观测呼吸时的脑波可以发现，当人吸气时屏住气息的瞬间，α 波会十分活跃，在吐气时 α 波也同样会持续出现。也就是说，屏住气息可以使得 α 波更容易出现，这对于任何一位读者而言，都是一个极为有利的现象。

进行腹式呼吸时，人体内会产生一种名为前列腺素的物质，它不仅可以消除活性氧、扩张血管功能，更能够从细胞内渗入血管及淋巴管，去除活性氧的毒素、促进血液循环。此外，腹式呼吸的节奏还可以刺激腹部的各个内脏，进而透过神经，为大脑传递一种平和呼吸节奏的自我调节讯号。人脑一旦接收到这一讯号，便会产生 α 波。

人不呼吸就会死亡，但在现实当中，大部分人都是通过浅呼吸维生（胸式呼吸），这一过程中只用到 1/3 的肺，另外 2/3 的肺中都是旧空气。如果运用腹式呼吸法（呼吸意识化），肺就能够得到充分使用，同时人体也能摄取更充足的氧气。如此一来，既可净化人体血液，更能促进脑细胞活性化。

也就是说，缓慢而深长的呼吸，是造就 α 波最有效的方法之一，而腹式呼吸法恰好如此。腹式呼吸可使脑波维持在 12 赫兹以下，就大脑生理而言，这是 α 波最容易出现的时候。同时，它还能使脑内荷尔蒙内啡的分泌更盛，激发人的创造力。

从以上介绍来看，丹田呼吸法可以说是速读当中最为重要的前提条件之一。如果没有正确的呼吸法，无论我们如何训练，势必无法实现最为高效的速读。因此，每一位读者都应当在生活中有意地锻炼丹田呼吸法，直到无意而动。

眼力训练

在阅读训练过程中，眼力训练也是不可或缺的重要一环。进行眼力训练有助于读者集中注意力、拓展视野，让眼球跳动更加灵活。眼力训练的方法有许多种，但论其根本出发点，不外乎是提高读者眼睛的视幅范围和移动速度，以及定向搜索能力，使他们在阅读中，能够尽可能多地看到更多更大的文字词组、句组、行甚至是页，为快速阅读奠定生理基础。

眼力训练方法一：转眼法

转眼法的要点在于，读者应当保持头颈不动，眼睛最初凝视正下方，接着缓慢移向左方，既而转至凝视正上方、右方，最后再次回到正下方，等于是顺时针看一圈。但在具体进行训练的时候，读者应该全面兼顾，在完成顺时针方向的转动训练后，紧接着进行逆时针方向的转动。其中，顺时针绕 9 圈，逆时针绕 6 圈。每次完整的训练重复 4 次。

转眼法的功效在于，它能够使人的眼球在运动过程中，锻炼眼外肌协调性、提高睫状肌的调节功能、增强晶体弹性，促进眼球灵活自如，炯炯有神。不仅如此，它更能够开发眼睛的周边视野，使读者在速读的时候，能够一次性浏览到更多的文本信息。

眼力训练方法二：眼呼吸凝神法

选一处空气清新的地方，全身放松，双目平视前方，徐徐将气吸足，眼睛随之睁大，稍停片刻，然后将气徐徐呼出，眼睛也随之慢慢微闭，连续做 9 次。

眼力训练方法三：熨眼法

全身放松坐在椅子上，闭上双眼，然后快速搓动双掌直至发热，然后趁热用双手捂住双眼，热散后两手猛然拿开，两眼也同时用力一睁，反复进行 3～5 次。这种方法能促进眼睛血液循环，并消除眼睛的疲累。

眼力训练方法四：洗眼法

在脸盆中倒入温水，调节好水温，把头伸入水中睁开眼睛，使眼球上下左右各移动 9 次，然后顺时针、逆时针分别旋转 9 次。最开始时眼睛会觉得难受，但随着眼球的转动，眼睛会慢慢觉得十分舒适。如果感到呼吸困难，可以将头伸出进行一次深呼吸。

眼力训练方法五：定点盯视法

1. 在纸中心画一个豆粒大小的黑点，然后盯住这个黑点不停地看，并且暗示自己这个黑点越来越大越来越大。前 2 分钟可以只是盯住，然后用接下来的 2 分钟暗示。

2. 不断地盯住中心的黑点，并且暗示自己黑点越来越大越来越大。在这一过程中，我们可能还会发现，黑点周围会出现 3D 的线条，这一过程大概持续 5 分钟。

3. 随着时间的推移，我们会发现在中心黑点的外围，又多出了好几圈的圆圈。我们先从最小的圆向外看，一直看到最大的圆，然后再从最大的圆向最小的圆去看，如此循环往复，持续 3 分钟。

4. 这一步骤与第三步一样，唯一不同的是，这一次要把注意力集中在每两层圆之间的空隙内。在看的时候，我们的眼光最好是沿着中心小圆，进行平行和垂直的移动，使我们的目光集中在有限的狭小范围内。这一步骤仍然要持续 3 分钟。

眼力训练方法六：绘图卡训练法

1. 准备一张白色卡片，中间画一个黑色的圆点，4 个角上分别画上不同的图像。

2. 选择光线明亮之处，将卡片放在距离眼睛 20 厘米处，确认卡片的 4 个角已进入视野。将视觉的焦点集中在中心的黑点上，看 10～30 秒，尽量同时看到卡片 4 个角上的全部图像。这一步骤中要持续训练，直到眼睛能同时看到卡片 4 个角上的图像。

3. 当眼睛能够看到全部图案时，可以另外准备一张绘图卡，但这次四周的图案要离中心黑点更远，贴近卡片的四个角。然后重复第二步之中的步骤。

眼力训练方法七：文字卡训练法

1. 准备一张白色卡片，中间画一个黑色的圆点，周围呈发散状写上由小到大的文字。

2. 选择光线明亮之处，将卡片放在距离眼睛 20 厘米处，确认卡片的 4 个角已进入视野。将视觉的焦点集中在中心的黑点上，看 10～30 秒，尽量同时看到卡片上的所有文字。这一步骤中要持续训练，直到眼睛能同时看到卡片上的全部文字。

3. 当眼睛能够看到全部文字时，再另行准备一张文字卡，如之前的绘图卡那样，这一次文字与黑点的距离也要扩大。然后重复之前的步骤进行训练。

眼力训练方法八：五角移动法

1. 找一张白纸，在白纸中心画一个巴掌大小的五角星；

2. 以五角星的顶点为始，沿着逆时针方向分别给五个角标上A、B、C、D、E；

3. 沿着 A—C—E—B—D—A 的顺序，顺着整个五角星的边缘和线条移动眼球，持续 3 分钟即可。

除了这些方法以外，还有很多训练眼球移动的方法，比如上下运动法（上直肌、下直肌训练）、左右运动法（内直肌、外直肌训练）、上斜、下斜运动法（上斜肌、下斜肌训练）……这些方法虽然各自不同，却都是针对眼球的运动进行训练，使读者的眼睛在阅读时，能够更加有效地汲取信息。在日常生活中，这些眼力训练都是我们可以尝试的。

节奏训练

传统的阅读模式是以单字为单位进行阅读，但在快速阅读的时候，读者必须要几倍、十几倍、几十倍，乃至上百倍地提高阅读速度，同时还要保证理解记忆。这时候，我们必须确保眼球按照一定的节奏进行跳跃。

对于眼球跳动节奏的训练，就是节奏训练。节奏训练主要是按照以下四步来完成的。

第一步，在一篇文本当中，画出一个狭长的长方形框，确保我们的双眼能够将这一范围内的所有文本当作整体，进行一次性的信息获取，使其清晰地映入视觉并印在脑海中。需要注意的是，在这部分内容当中不能出现代字，否则在训练初期，读者很有可能会为长期养成的音读习惯所困扰，以至于无法整体性地、一次性地阅读，而且使注意力无法平均分布开来。

这一视野范围内不仅没有代字，也没有图案，所以读者根本无法在脑海中进行读和记只能把全篇文本作为一幅图画，整体浏览；而且由于没有代字，这幅图画就可以直接进入右脑，使左脑的语言中枢无法对阅读和理解造成干扰。这种做法的显著好处就是可以开发长期以来处于消极地位的右脑，进一步开发其图形识别和图形记忆的能力，为全脑阅读创造了更加有利的条件。

在这一步骤中，读者们始终要保证的一点就是，每一次的视野范围，都必须保持同样的大小，然后让眼球按照规定的速度均衡跳动，不断移动视点。这一过程必须保证匀速进行，不能出现丢行落字、忽快忽慢、视野忽大忽小等各种情形。出现任何一种情况，读者都要立即、坚决地予以改正。

第二步，在保持我们之前划定的视野范围不变，并在这一范围内放入一些简单的几何图案继续视读。在这一过程中，读者们的视野要像之前一步那样均匀，用双眼每次一个框框地视读范围内的图案——当然，这次也必须保证把所有图案当作一个整体进行视读。这一次的节奏和速度也要和之前一步相同。

需要指出的是，这一训练并不是为了让读者去记忆那些具体的文字和内容，而仅仅是为了让读者继续体会眼球运动的节奏、速度、视野范围和换行阅读时的角度。这一训练的关键之处仍在于，读者必须以每个长方形视野范围为单位，对全部文本进行整体性的视读。

在训练的最初阶段，读者也可以借助一些节拍器的声响来调整视读进度，等到自己已经养成了一定的节奏后，就可以抛开这些工具，依靠自己的力量进行视读了。

第三步，在这一步骤当中，我们的节奏训练基本内容不变，都要做到视野均匀、把每个长方形视野范围作为整体看待。但不同的是，这时我们可以把代字放入范围中。读者要把所有代字当作一个视读单位，进行整体性的视读，并保持节奏和速度不变。一开始训练的时候也可以借助工具，但最好是争取早点放下。

与之前的出发点相同，这一步骤的训练，仍然是为了让读者掌握眼球运动的节奏、速度、视野范围和换行阅读时的角度，进行整体性的视读，并且有意识地抑制音读。为了实现更好的训练效果，读者们还可以专门挑选那些生僻的汉字，或者干脆选择繁体字，乃至隶书、篆书。

第四步，在划定的视野范围内，放入那些上下连贯、内容条理、意义完整的汉字——代章，保持之前几步当中的要求不变，按照原来的节奏进行视读，此时读者仍然无须关注其中的内容含义，重点在于养成一定节奏的阅读习惯。这也是左右脑结合中最为关键的一步，读者一定要保证练好。

第五步，此时读者可以抛开之前划定的视野范围，通过之前步骤中所养成的视读节奏，将所有文本信息全书扫描，并传递到视觉和大脑中。

一开始，读者只需要保证阅读数量和印象深刻即可，对于文本当中的内容则无须理解。只有到了能够有把握地完成以后，才需要在读完的基础上，做到读懂和准确记忆。

节奏训练是速读当中极为烦琐、漫长的一项内容，有许多读者都难以忍受这种冗长的过程。但为了最终能够实现高效速读，我们仍然需要耐着性子，一步一步地完成每一步训练。在任何一项没有熟练掌握之前，我们都不能贸然进行下一项训练。

需要指出的是，尽管速读训练的每一环节都包含着许多步骤，但在进行下一环节时，之前的那些训练成果也必须保持。比如在节奏训练当中，之前提到的丹田呼吸法仍然要持续进行。只有这样，才能全方位地提升我们的速读能力，使之成为我们娴熟的阅读方法。

辅助训练

之前我们提到，在阅读训练当中要尽可能地避免音读，在辅助训练环节也同样如此。尤其是阅读时脑内发音的现象，更是直接关系到快速阅读的理解效率、记忆能力和知识的融会贯通。如果读者能够消除音读，达到眼脑直映，几乎就完成了速读的一半。

辅助训练环节的一大意义就在于消除音读，为此我们可以通过一定的方法来进行。此外，在辅助训练环节当中，读者们也同样要注重呼吸训练。此外还要注意保护眼睛，比如卸下隐形眼镜。

方法一：卡片闪示法

1. 在训练前，读者可以准备一些卡片，每张卡片分别写上不同的短句或成语（逐渐增加句长）；

2. 用最短的时间，将每张卡片在眼前一闪而过，然后通过自己的回想把这句复述出来。

卡片闪示法是最直接的训练方法，由于卡片展示的时间太短，读者很难来得及用"读"的方法进行记忆，只能本能地将卡片上的文字当作图片来进行传送。这就在一定程度上消除了音读的困扰。

但我们也能看到，如果由读者自己进行准备的话，准备过程中难免会对卡片文本留下先入为主的印象，这样一来，训练效果就会大打折扣了。为此，如果条件允许，最好是由其他人来进行准备，或者两名读者互相为对方准备。

方法二：组读法

1. 随机选取一段文字，把所有内容按词组或短语划分，并用竖线隔开；

2. 以分割后的词组或短语为单位进行速读；

3. 不断扩大阅读单位，逐步发展到以句为单位进行速读；

4. 不论是哪一阶段，在读完后都要进行复述。

组读法既是为了在一定程度上避免音读，也是为了打破读者在传统阅读模式下逐字阅读的习惯，可以说是一举两得。但在组读的过程中，读者也需要注意：不论自己的训练进行到了哪一阶段、划分的单位有多大，都要在每次的眼停注视时，读完相应的内容，不允许视线进行移动。这样才能尽可能做到一气呵成，让读者养成更加快速阅读的习惯。

方法三：舒尔特表快速点数法

舒尔特表是心理学中用来研究和发展心理感知速度的图表，心理学上经常用此表来研究和发展心理感知的速度，其中包括视觉定向搜索运动的速度。"舒尔特表"训练则是国际通行的其中一种最常见、最有效的人体视觉定向搜索训练科目，普遍利用于飞行员、航天员的训练，也是读者提高注意力的有效训练法。

舒尔特表十分简易，就是在一张有 25 个小方格的表中，将 1～25 的数字打乱顺序，填写在里面（如下表）；然后以最快的速度从 1 数到 25，要边读边指出，同时计时。研究表明，7～8 岁儿童按顺序找到每张图表上的数字的时间是 30～50 秒，平均为 40～42 秒；正常成年人看一张图表的时间大约是 25～30 秒，个别人可以缩短到十几秒。由于舒尔特表制作简易，读者们完全可以自己多制作几

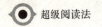

张数字顺序不同的训练表，在日常闲暇时反复训练。

需要注意的是，舒尔特表分为不同的难度和类型，为了提高注意力，读者应该根据自己的实际能力进行逐级训练。而且在训练的时候，读者们也要注意其中几项要求。

要求一：眼与点保持 30～35 厘米的距离

要求二：视线集中右表心，余光顾及全表

要求三：眼球不动，用不超过 25 秒的时间依次默读表中 1～25 的数字

25	8	14	19	10
11	7	13	17	24
1	23	16	9	21
22	18	2	6	5
15	12	4	3	20

综合训练第一步——快速阅读

综合训练之前的所有训练步骤为一体，也完全可以看作是最终的速读。通过综合训练，读者应该掌握最基本的速读方法。

在综合训练之中，读者也要按照一定的步骤进行速读，主要是这三个步骤：快速阅读、回想、默写记忆内容。这三个步骤从最初的读到最终的巩固，可以说是一个完整的训练。因此，读者对这一训练要更加重视。

综合训练的第一步是快速阅读。这一步骤顾名思义，就是要求读者必须严格地按照在之前训练中掌握的呼吸方式和阅读节奏，来阅读面前的任何一篇文本。在快速阅读的时候，读者们仍然不必分出心思去考虑理解和记忆的问题，只需遵照之前的种种方法和步骤

进行速读。

不管理解与记忆，只需要保证之前的方法和步骤，这是快速阅读的训练当中最需要反复强调的一点。读者们只需要在规定的时间内读完规定的字数，其余问题一概不需操心。

在快速阅读时，读者一定要牢记丹田呼吸的要诀，同时尽量避免眨眼。丹田呼吸更有助于大脑产生 α 波，对于读者的阅读而言，这是极为有利的辅助。此外，丹田呼吸能够使人体内吸入更多的氧气、产生更多的营养物质，保证读者的注意力高度集中。

避免眨眼则是为了保证读者能够尽可能地接收完整的资讯，有助于大脑更好更快地理解、记忆。而一旦眨眼，阅读的进程势必受到阻扰。

根据之前的介绍，我们已经知道速读比传统阅读要少两个环节，这正是速读高效的根本原因。任何一项活动都是步骤越烦琐，消耗就越多，所付出的时间也就越长，综合效率也就越低。快速阅读可以刺激大脑视觉中枢，使之处于高度兴奋的状态，以此提高右脑接收资讯的频率和速度；同时又能抑制大脑左半球语言运动中枢和听觉中枢的活动，抑制其语言活动，甚至将其彻底消除。这就是速读占用时间少、理解和记忆效果却又十分突出的原因。当然，读者通过在之前步骤中的训练，增强了眼睛的敏锐性、扩大了视野的范围，这些也是非常重要的因素。

速读当中还有一个要点，就是读者必须尽可能地排除音读障碍。音读不仅仅是指通过唇、舌、腭、喉运动而发声，就连脑海潜意识中的发声也是需要严格避免的。但在传统阅读模式的影响下，大部分读者都已经养成了根深蒂固的音读习惯，想要彻底纠正是极为艰难之事。所以在一开始进行速读的时候，读者没必要为自己无法抑制的音读而苦恼。在速读的初始阶段，读者只要能够尽量做到音读越来越轻、越来越快、越来越少、越来越模糊，就可以说是一种巨大的进步。在往后的速读当中，读者只需要不断坚持这种锻炼，就可以把音读从自己的脑海中排除出去。当然，我们可以预想到，这将是一个长期而艰巨的过程，读者们应该学会慢慢去适应，而不是在短时间之内就完成。

当读者们彻底消除音读时，这种阅读就是所谓的视读。传统阅读模式过程中的理解和记忆，首先是通过视神经把文本的光学信息转化为生物信息，传达到大脑的语言中枢，由其转化为有声语言的信息，然后再传达给听觉中枢，通过听觉中枢分析处理之后再传达给理解记忆中枢，过程可以说是极为烦琐；而视读则是由视觉神经直接把文字信息传至大脑的理解记忆中枢，由其直接对信息进行解码、再编码和储存，来实现迅速对文字、符号和图表所携带和表达的内容的理解和记忆。

正是因为视读消除了声音的干扰，跳过了多余的环节，快速阅读才得以比传统精读快上几倍、几十倍甚至几百倍，同时又能够保证理解和记忆水平不变乃至提高。尽管看起来不可思议，但其原理和真实效果却值得读者们信任、采纳。

综合训练第二步——回想

在第一步的快速阅读中，我们已经读完了一篇文本或者一本书，接下来我们要做的，就是把之前速读的内容进行一次完整的回想。不仅如此，回想所用的时间还必须与速读所用的时间保持一致。

想必许多读者都会叫苦不迭，认为这是一种强人所难——事实上，这很大程度上是由于他们认识有误。说起回想内容，读者必然下意识地在脑海中回想文字的含义，甚至再次在大脑中发出声音。而这一点恰恰是速读训练的回想环节中最需要避免的问题。

速读综合训练中，回想的正确方式其实是这样的。

首先，读者应该拿起一本书快速阅读，并且严格避免犯音读一类的错误；一旦读完，读者就要立即将书拿开，不再多看一眼。将书拿开以后，读者要立刻闭上眼睛，像过电影一样，在脑海中把之前通过速读所接收的信息的视觉印象进行回想——打个比方，这种回想就像是一位摄影师，逐一观看一卷胶卷所拍摄的图像的过程。

刚刚我们提到"视觉印象"一词，所指的是在速读过程中，读者的每个视野内，由文字构成的不同"画面"。读者回想之时，也是将这些资讯以图像的形式，在大脑中进行闪现，而非是对这些文字的意思进行联想、思考。这是因为，只要我们思考文字的意思，我们的大脑必然会自动进行默念，而快速阅读时所接收的大量文本资讯，必然无法在短时间内一一消化。反之，正是因为回想的方式如同速读方式那般，是以图片而非文字作为基本形式，读者们才能保证回想所用的时间与速读时间一致。

或许有读者会疑惑：这样的回想真的能够起到理解的作用吗？然而事实上，这一步中的回想，其首要出发点本就不在于理解。回想的主要出发点是，读者通过把之前接收到的图像信息在脑海中"再次播放"，实现加深印象、增强记忆的效果。我们知道，速读的高效率是以右脑形象思维能力和形象记忆能力为依托，只有充分调动右脑的形象思维和记忆，才能进一步开发右脑，提升阅读的实际效果。因此，读者应该打消疑虑，更不急于在此时理解文本当中的意思，只需要按照之前速读的频率和规定时间进行回想即可。对于

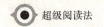

这一步骤，读者也必须要充分重视，争取更快更好地达成。

在回想之前，读者们还要注意的一点就是：回想越快越好。部分读者在读完一本书后会比较拖沓，这种不良习惯切忌带入回想之中。正确而高效的回想是在读完之后立即将书拿开，同时进行回想。回想时还有一个要点就是要闭上眼睛。当眼睛睁开时，我们的大脑无时无刻不在接收外界的信息，在这些如潮水一般的外界信息冲击下，我们在之前阅读中获取的文字信息就会受到干扰，乃至被彻底掩盖，使头脑当中一片空白，给回想记忆以及理解文本带来巨大的困扰。因此，在回想环节中，速读的"快"也要时时体现在每一步中。

综合训练第三步——默写记忆内容

比起第一步的"读"和第二步的"想"，第三步中读者所要进行的训练更加"煎熬"——他们必须绞尽脑汁、竭尽全力，把之前读过的、还留在自己大脑中的文本内容通篇默写出来。

这一步不仅难度高而且费力气，许多读者难免觉得疑惑。但是，这一步在整个综合训练乃至速读训练当中，都可以说是最后的关键一步。

默写的出发点在于对速读时获得的资讯进行整理、确认，并通过实际的动手工作来确认成果。默写同时包含有理解和记忆两个方面的内容，但同时也更侧重于记忆。也许有些读者脑海中虽有记忆，却无法动笔写出来；但如果能够准确地写出这些内容，就表明自己的记忆效果和能力都值得称赞。

或许会有很多人都怀疑自己能够写出多少，但这种想法，很明显是对人的大脑智慧、也是对自己不必要的怀疑。根据科学家研究表明，人脑是这个世界上自动化程度最高、功能最为完善的物质，很多时候读者自己本人或许毫无感觉，但大脑却早就在自动调整速读、表达时的思路了。因此，如果读者反复进行这样的速读训练，久而久之就能够明显地察觉到，不仅是自己的记忆能力显著提高，甚至就连文字表达能力也会再上一个台阶。因此，对于心存疑虑的读者，我们要给出两点简明的建议。

第一，努力写

可以预想到的是，在最开始默写的时候，许多读者可能都会下笔无言。但这并不值得自己苦恼。比起能力，训练更看重的是读者的态度，只要绞尽脑汁地想、竭尽全力地写，努力就一定能够有巨大的收获。

由于是以图片作为记忆的基础形式，还有一部分读者在起初默写的时候，可能只记得图画中最为显眼的部分，以至于写出来的内容也是零零碎碎、杂乱无章。对此读者也无须灰心。只要持续进行这种训练、不断努力去想、去写，慢慢地就能写出更多、更完整的内容，与文本原文越发一致。

还要提醒读者的是，不论自己写出来的内容多么惨不忍睹，都一定要管好自己的手，千万不要忍不住拿起书本。如果养成这种偷懒猜读做法，就无法真正训练出自己过目不忘的超强记忆力。

第二，大胆写

还有一部分读者由于对图像的印象不是很深刻，对其中的内容一片模糊、处处空白，无法确定自己所记忆的内容是否真与文本契合，所以不敢下笔，担心自己依照记忆写出来的内容，却与文本大相径庭。然而事实上，这些担心完全没有必要。默写的出发点之一，就在于让读者了解自己真实的记忆水平，借此明确自己在速读记忆当中的薄弱环节。因此，读者应该无所畏惧地、不计一切地、绞尽脑汁地把自己所能回想起来的内容，通通写出来。很多时候，写完之后对照文本，我们就可以发现，默写出来的实际内容并不如之前担心的那样不堪。即便内容再零散，但更多的都是与原文内容相契合的，几乎不存在凭空捏造的信息。

其实，不论是速读训练的哪一步骤和环节，都是从作者的思路出发进行设计的，因此，读者在按照这些要求进行训练的时候，已经在无形中慢慢养成了按照作者思路思考问题、构思文章、表达思想、描绘景物的思维方式和阅读方式。因此，随着训练的不断深化，读者的思路也会与作者越发接近。这样一来，读者就可以无意而动地在速读过程中，顺着作者的思路准确把握文本的内容，为记忆和理解打下坚实的基础。

第五章
不同的书该怎么读

　　快速阅读法确实是广泛适用于各类读本的阅读方法，在这个生活工作节奏不断加快的时代，也表现出了无与伦比的强大优势。但通过了解我们也可以看到，许多具体的速读方法，都会对读者提出取舍的要求。相信有的读者一定会产生困惑：仅仅是掌握这些，真的足以应对各种类型的读本吗？

　　答案当然是否定的。首先，速读更多是为了应对当今紧迫的阅读形势，何况在一开始我们就已经提到，阅读有着获取资讯和深刻理解两种不同的主要出发点，根据出发点的不同，读者们在速读之余，还要根据读本的不同，分别把握其中的关键。

　　当今图书市场上的图书种类十分繁多，从内容上，我们就可以划分为实用、科普、历史、社科、哲学等好多种类。对于不同类型的书籍，我们仍然有必要深入了解其中内容，并且掌握一些特定的阅读方法。

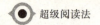

第一节　实用类书籍怎么读

按照不同类别，分别把握要点

在多数情况下，实用型的书籍与理论型的书籍一样，都是带有论述色彩的。因此，读者们往往要对书中内容做出自己的思考与判断，而不是简单地在书中搜刮一番，获取到资讯就算完事。此外，实用型的书也分为两种不同的类型，需要读者分别根据其内容进行了解、把握。

其中一类实用型书籍重在说明规则，比如健身类、烹饪类的书籍。这些书都是面向读者，进行一些基本的规则解释说明，因此内容大多平淡无奇；另外一类则相对高深，是对规则的形成的说明，比如政治、经济、文化、思想方面的书。

对于说明规则一类的实用型书，读者们重点要把握的就是那些规则，并且可以依照一定的方法来进行辨别、了解。

方法一：寻找命令性的句子

因为这类书的出发点就在于告诉读者某种规则，因此在语言上就会显得更加强势。对此，我们可以随机选择一些说明规则的书本进行解释。

比如在健身指导类的书籍中，由于健身动作强调一定的标准，所以作者在讲解某个动作时，也一定会按照一定的次序，把这些规则一一告诉读者，并要求读者按照自己的要求去做。

例如在一本超火的健身指导书中，作者在解析半俯卧撑这一动

202

作时，特意把训练目标单独列了出来：初级标准，一组八次；中级标准，二组各十二次；升级标准，二组各二十五次。这种用明确的命令式语气告诉读者要做的，就是我们所要寻找的主旨。

切换到烹饪类的书，这种规则就更加明显了。这类书籍通常都会从事前的准备环节开始，把食材、原料一一列举，然后将做菜的每一个步骤按照先后顺序进行说明。为了更好地指导读者，作者还经常在步骤之后列出一些禁忌或者要点，比如"全程要大火""不能煸太久"等。

这类实用书的说明方式可谓是简单明了，读者在读的时候不需要过多费心。只要能够找到作者遣词造句比较严肃的地方，我们通常就可以准确把握要点。

方法二：寻找有所收获的内容

在方法一中我们讲到寻找指令性的句子，通常这类句子还有一个特点，就是能够给读者带来足够的收获。比如之前列举的健身标准例子，从作者的要求中，我们就能够明确得知"怎么做"，这不可不谓是一种收获。烹饪类书籍的步骤介绍和要点说明也都是一样。因此，读者在阅读这类书的时候，如果对其中一部分内容毫无所得、毫无所感，那就说明这部分内容相对比较鸡肋了。

方法三：寻找原理论述部分

上文提到实用型书籍分为规则说明类和规则原理说明类，但事实上，这两者并不是必然分开的。很多时候，为了让自己的观点（或方法）更具有说服力，作者也会对自己观点背后的原理，进行适当的解释说明。通过这些原理，读者就能够更加明了这些规则。

还有一类实用型的书是说明规则背后的原理的，但这类书说到底也还是为了解决规则所要解决的问题——这个观点比较拗口，所以我们也没必要过多思虑。简言之，从这类书籍中，读者应该借由这些说明原理的内容，来反推书中所要讲述的规则。如果能够更进一步，将这些规则和原理与现实生活联系起来，找到解决实际问题的办法就更好不过了。

反过来说，我们也可以从自身的实际需求出发，来判断哪些内容是我们需要重点把握的。实用型的书中，作者最主要的阐述内容就是规则，如果这些内容与自己无关，读者就可以舍弃。在判断与自身关系的过程中，读者可以依据以下两个标准。

第一，规则是否真的有效

实用类书之所以实用，就在于它能够针对现实问题提出一针见血，或者立竿见影的解决之道。退一步来说，即使某些问题的解决需要过程，但这些规则在运用的时候，也必然或多或少能够见到些许效果。因此，如果是那些看着就不着调的论述，读者就可以先存疑放过了。

第二，规则导向结果如何

要判断一本实用类的书究竟实用不实用，看效果确实是最具说服力的，但这样也更多地需要读者先去运用再判断——在阅读环节中，读者们未必就有耐心和时间去尝试。因此，读者们还可以直接从可能出现的，或者作者想要导向的结果来看。

如果按照作者的说法最终得出的结果，并不能满足读者本人的期许，或者干脆是错误的结果，那么，不论作者本人的意见如何合理或者言之凿凿，读者们也只能将其抛诸脑后。

以上就是两类不同的实用型书籍的基本阅读方法。除此之外，阅读这类书还有许多要注意的地方，我们会接下来一一阐述。

读者要明确的三个问题

如果读者不是抱着获取资讯的目的去阅读，而是想要进一步理解这类书的内容，就必须带着特定的问题去阅读了。一般来说，读者需要思考的主要是以下三个方面的问题。

第一，作者想要表达的意图为何

实用类的书籍有一个最大的特点，就是说服读者，使其按照作者的想法去思考、去行动。因此对于读者而言，没有比明白这一点更为重要的事情。实用类的书籍，都会带有一定的宣传性，读者如果不弄懂作者想要表达的意图，就轻易全盘接受，必然无法把握书中真正的重点。稍好一点的结果是获取到庞杂的信息，无法形成对这本书的正确理解；最坏的结果则是不加思考地按照其意志去做。

事实上，这样的读者还真不在少数，看看那些轻信各种书中秘方、偏方，给自己的健康带来隐患的人就知道了。同样地，在那些健身类的书籍当中，作者给出的一些指导和方法也同样需要读者明辨。对于这类书，读者要明确作者的终极目标为何，而自己阅读的需求是否与此完全一致。如果答案为"否"，读者们就要考量一下了。

说明规则类的实用书，作者的意图和出发点都比较明确，谬误更多地出在规则上，但规则原理说明类的实用书，情况就比较复杂了。也许作者的目标在理论上看是正确的，但放在现实当中又是不适用的；也许作者的目标根本就是似是而非的扭曲。对于这些可能出现的情形，读者都应该在阅读的过程中仔细理解、分析。

第二，作者认为要如何达成意图

但凡实用类的书籍，都带有作者个人强烈的主观色彩，因为这类书终究是为了面向读者，阐述自己的道理并呼吁他们去遵循而存在的。因此，这类书不仅会隐藏着作者个人的真实意图，还会列出许多条建议、方法。

像之前讲到的，许多实用类书籍的真实观点很可能是极其谬误的，甚至是需要读者警惕的。但这些真实意图也许会藏得很深，需要读者仔细辨别，因此，读者可以从作者给出的建议和方法入手。

通过了解作者的论述和道理，读者可以得到两方面的收获：一是通过了解来判断这些建议是否可行，进而判断这本书是否真值得自己采纳；二就是通过琢磨这些方法，来接近作者真实的目的。尤其是在那些论述社会问题、并提出解决之道的著作中，这种方法的效果会更明显。

当然，这类书通常都有着很高的知识含量，读者想要准确把握这些建议并深入推导，也需要更庞大的知识积累，才有可能发现作者的一些端倪或疏漏。但无论如何，这些建议方法也是实用类书的重要内容，读者必须重点阅读了解。

第三，作者个人的思想情感与所处时代背景如何

在实用类书籍中既然隐藏着作者的个人意图，同样也就会带入作者个人的思想情感——对于读者而言，这也是需要注意的一个重要方面。不仅是读者个人的情感倾向会引导阅读结论，作者本人的情绪也会左右自己的写作。

尤其是围绕社会、政治、经济问题原理进行论述的实用类书，作者的情感倾向更会受到现实的左右，这就引出了另一个要点——作者所处的时代背景。一方面，作者会因个人所处的环境和时代背景而影响自己的想法；另一方面，作者所提出的解决问题的方法，也会受到时代的限制，或者说只有针对特定时代背景下的问题时，

才显得具有价值。最简单的例子大概就是周游春秋列国的孔夫子了，尽管自己的主张看起来颇多美好期许，但在"窃钩者诛，窃国者侯"的时代里，他的"仁政"思想显得过于"迂腐"，难以进入以权术谋夺天下的诸侯眼中，自然也就步履维艰了。

以上这三个问题，就是读者在阅读实用类书籍时，必须明确的三个要点。把握这些要点对于读者而言，也是深入理解全书、指导自身行为的必然途径。

阅读评价的四个依据

在阅读实用类书籍时，读者大多希望从中找出自己所需的资讯，或者是解决问题的方法。不论是哪种出发点，都涉及读者对书中内容的认识与评价。只有确信作者给出的方法和建议是正确的，并且是与自己相关的，读者才能说服自己去采纳。

要对一本实用类的书做出这样的判断，也有着种种阻碍。之前在论述速读技巧时，我们曾说读者唯有避免偏见，才能正确认识作者，但事实上，偏见却常常会出现，并左右读者的认知。因此，读者不能以自己的情感为出发点，而是要依照一定的标准去判断一本书。

在对一本实用类的书做出判定时，读者们主要是从书的论点、论述、信息真伪和实用性四个方面来正确看待。

第一，书中的主要论点是什么

表面看来，这不过是一个十分浅显易懂的问题，但当我们面对实用类书籍中，这却是一个重要的判断依据。

我们已经知道，实用类书籍的内容，都是作者针对一定的问题而提出的，这种情况下，作者本人更像是一个演说者——鼓动读者按照自己的想法去行动。如果读者不明白作者主要讲的东西，就贸然地按照其想法行动，结果恐怕未必能解决自己当下的问题。

另外，作者本人的真实想法很有可能存在重大谬误，而这些想法又被隐藏在文字当中，读者很难在阅读时彻底弄懂，但对于这种指导现实问题的实用类书籍，读者却尤其不可一味跟着作者走，而是务必搞清楚其真实的想法。

要搞清楚这些想法，从论点入手是最直接不过的了。论点就是一本书中主要在谈的问题，通过了解这些问题，我们也可以大致判断出作者针对的问题究竟为何。了解了这一点，我们也就可以顺藤摸瓜，推出作者真正想要让读者去做的事情了。

第二，书中的主要内容是什么

阅读实用类书籍的根本出发点就在于获取答案、解决疑难，因此书中的主要内容是最为直观的判断依据——尽管作者的主要论点更有助于读者掌握根本性的内涵。

这一结论意味着，如果我们以这类书的主要内容为出发点，可以相对轻易地完成认知的任务。在实用类书中，作者针对每一个问题提出的解决答案，也不仅仅都是为了解决问题这么简单，而是常常蕴含深意。目的已然难以摸清，不同的方法又会带来各自不同的实际影响。因此，比起作者的主要想法，作者所给出的建议和方法，同样是读者要重点参考的依据。何况，这部分内容本来就是实用类书籍的主要部分。

如果说作者的核心论点所占篇幅相对较小，隐藏也深，那构成主要内容的建议和方法就显眼多了。同时，以方法作为判别的依据，也更容易发现端倪——尤其是作者的漏洞和谬误比较明显时。因此，读者应该以书中的主要内容作为自己的评判标准，或者说得更简单一点：作者究竟想让我干什么？明白了这一点，读者对书中的其他一些疑惑或许也会豁然开朗。

第三，作者所论述的内容真伪如何

既然是针对实际问题进行论述，作者必然不能脱离实际问题侃侃而谈，而是要找出足够分量的事实作为依据。因此，读者也可以依据作者的事实依据，来判断作者的论述是否正确、合理、值得采纳。

至于如何判断真伪，这可就见仁见智了。每位读者的知识层次不尽相同，所阅读的书也涉及不同领域，单靠想象显然是太为难了。对此有一个直接的做法，就是从生活中的实际情况和经验出发进行判定。

不论作者谈论的是哪一领域的问题，读者都可以以相应领域的发展历程，以及出现过的实际情况或重大事件，进行参照、比较，从而分析作者的论述是否正确。越是贴近生活实际的实用类书籍，读者们就越发容易做出判定。

在认定的过程中，读者也要切忌被个人情绪所影响，要做到客观看待。如果书中的依据确实与现实经验契合，并且理论充分，读者们就应该予以最起码的认可。

第四，作者的建议与自己是否相关

通常在读完一本实用类的书后，读者们必然会面对这样一个问题：该如何看待作者在书中所提出的目标和建议？要想回答这个问题，读者就必须以自身作为参考。只有这样，读者才能对这本书做出合理的评价。

如果读者能够从这本书中读到一些自己所需的、有助于解决自身困惑的内容，读者自然而然会把这本书视为"导师"，或者对现实问题的看法有所改观——这种情况下，我们就可以说这本书所讲的内容确实与自己相关。如果在读完之后读者发现自己毫无收获，那么很显然，这本书对自己而言就没有什么意义。

既然是与自己相关的书，书的价值就值得肯定，哪怕我们在认同了作者之后并没有付诸行动；反言之，那些读完之后毫无所得，或者对自己毫无说服力的书籍，我们自然无须给出太高的评价。

以上四项依据对于读者阅读、评价实用类的书籍，能够起到很大的引导作用，但读者也要注意尽量避免受到主观情绪的影响。尽管这几项依据更多的是依靠书中的客观内容，但读者的个人倾向也很有可能影响自己对依据的认定。心理方面的问题会对阅读实用类的书籍产生不小的影响，对此读者应该有所警觉。

第二节　历史类书籍怎么读

阅读历史类图书应有的观念

阿克顿说："历史是彷徨者的向导。"克罗齐说："历史是生活的教师。"托尔斯泰则说："历史是国家和人类的传记。"在日常的阅读中，历史书几乎是每一位读者都接触过的一类书籍。历史类的书既有着很高的学术价值、又有很大的趣味性。不论是秉持着以史为鉴的出发点，还是仅仅想要了解一些故事，读者们都很少会厌恶这一类书。

从内容上来看，历史书就是对过去真实事件的记录（这里先不论记载是否真的完全真实）；但从内容形式上看，历史类的书籍也有着许多差别：有的书是对历史事件的收集、整理和记录，有的则是以口述的形式将自己所经历的事情进行叙述，还有的是以某个特定的人作为主角，将其毕生经历作为书中的主线。对于这些内容形式不同的历史书，读者也要有所区别。

刚刚我们讲道，历史书涉及的内容，就是人类进程当中的历史真实事件。但是，历史书上的白纸黑字真如同作者的言之凿凿那样，是不容置疑的真实故事吗？我们该如何保证看到的不是虚拟杜撰的故事、虚无缥缈的传说、异想天开的神话呢？又或者说，历史书的作者又该如何保证呢？

如果是一些基本的历史事件常识，这种疑虑相对还会小一些，比如"美国第16任总统亚伯拉罕·林肯，生于1809年2月12日，死于1865年4月15日，共和党人，主要贡献为废除美国奴隶制度，维护南北统一，是美国历史上第一位遭受刺杀的总统"。例子中的这些历史事件可以说是板上钉钉，但如果细究史书中关于这些事件的细节描述，作者和读者能保证自己所知晓的就必然真实吗？因此我们要提醒读者的一点就是，阅读历史类书籍，一定要有大胆质疑的观念。当然，这种质疑并不是说要抓着一本书不放，而是说读者要尽可能做到全面掌握。

全面掌握的基本要求，就是读者必须要做到全方位、多角度地看待。这一方面又包含两个要点，一是尽可能多读几本同类或相关著述；二是反思书中相关人物的心理原因。

第一个要点的意义在于打破读者的思维窠臼，让读者能够摆脱一家一姓之言，宏观、全面地了解历史事件的原貌，进而推导出正确的结论。"孔子作春秋，而乱臣贼子惧"，在不同史书作者的眼中和笔下，同一历史事件可能有不同的展现。但我们也知道真相只有

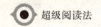

一个，为了揭开历史的面纱了解真相，读者就必须尽可能地多读几本书。

第二个要点的意义也是为了避免读者被一家之言所误导，但侧重点则在于作者的论述部分。都说历史记载要客观，然而事实上却是，绝对客观的历史几乎不存在，哪怕是孔夫子所作的《春秋》。还有一种观点：绝对客观的历史不存在，也不需要存在。因为作者的观点对于后人同样值得参照，这一点只需要翻阅我们以往读过的历史书（不论学校教材还是课外读本），就可以明确看出。

因此对于读者而言，史书的客观与否，反而不是必要的标准，更重要的是读者要通过思考，得出自己的结论。面对作者的分析，我们不能盲目认同、接受，而是要从人的心理角度出发，深入分析某一事件出现的根源。这样才能够更加准确地推导历史疑点、把握历史事件，并且得到对于当下的启发，做到真正的以史为鉴。

对于历史类书籍有这么一种观点：所谓"历史"就是过去的故事，把历史书视为小说书而非科学，才是更加正确的看法和心态。这并非是说历史书的作者在胡编乱造，而是说一本历史书的内容框架，必然无法完全被事实填充，而是会夹杂一部分作者个人的观点与看法。

我们试着以《春秋》为例进行说明：读过《春秋》的人也许都会为其短小的篇幅所惊异，然而，即便是这样短小的篇幅，其中仍包含有孔夫子的"一字之褒"与"一字之贬"，遑论是以解释《春秋》为任的"三传"了。不论是孔夫子也好，还是"三传"的作者也好，他们对同一历史事件的看法即便立场一致，在论述上也难免有出入——事实上，"三传"之中的彼此冲突也确实是常态。

不论作者在写作时心里究竟怎么想的，至少我们可以从中得出一个结论，对于任何一本书中记载的历史及相关分析，读者都不能轻易地、不加思考地接受。这也是阅读当中，精神独立的一种体现。同时我们也相信，这种有所质疑、独立思考的阅读观念，能够给读者带来更大的阅读收获。

疑问与批判阅读

读任何一本书都要带着问题去思考，当我们面对一本历史书的时候，也要容许大脑之中有怀疑的余地。毕竟我们现在已经知道，看似客观忠实记录一切的历史书，其中也充斥着大量的主观内容。为了避免被一家之言所误导，或者以偏概全、以管窥豹，读者们就要带着一定的问题去翻开历史书。

在阅读历史书的时候，读者最起码要明确三方面的内容，其中一个方面是主题。

这里的主题所指的并不仅仅是狭义的主题内容，而是包含了某一主题的范围——甚至我们可以说，主题的范围才是读者所要明了的重点。

譬如，从"乱臣贼子惧"这句话中我们就可以大致看出，孔夫子作《春秋》的出发点，更多的是为了揭露当时的乱臣贼子（甚至还有教育诸侯王），因此在进行记录和褒贬的时候，孔子就是以与当时的政治道德相关联的事件，作为主要内容的。同时，他的观点也很有可能是为一时一事而发，或者说，只有在面对特定情境的事件时，才应该用相应的眼光来看待。

说得通俗一点就是，作者在历史书中所论述的每一个观点，都是从一定的事实出发，为一定类型的事件阐述的。作为读者在阅读的时候，必须明了作者观点能够起作用的范围。许多观点和建议只

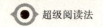

能适用于一定的事件、一定的时期、一定的时代背景和社会背景，这些经验都需要读者在阅读的时候加以明确。

第二个方面是作者最重视的部分。

每一本史书都有很多不同，比如从体裁上，可以划分为编年体、纪传体、纪事本末体、国别体、通史、断代史六大类；从内容上看，作者所讲述的既有可能是政治方面，也有可能是经济方面，还有可能是军事方面，又或是思想、文化、艺术、宗教、秘闻……不论是依照体裁进行内容的编排，还是按照涉及领域的不同进行划分，其中都有一部分是作者最为重视的地方。掌握了这部分内容，读者才能更好地理解全书。

一般来说，书中最为重要的内容，也就是作者最花力气、下笔墨的地方，作者对这部分内容的记录和论述，都会比其他部分更加用心。当然，也有一部分作者本身就立足于做全面的分析，但在说服力上，各部分内容也难免会出现差异。因此，读者需要找出一本书中，作者最重视的，或者作者论述最完备的内容，把这些内容作为阅读的重中之重。

这部分内容的含金量可能是全书中最高的，通过了解这部分内容，读者也能更加直观地了解到作者的根本观点或想法，以及他提出的主要建议。不论读者对作者本人的观点如何认识，从这部分内容中，都能够拓宽自己的知识或思路，得到一定程度的启发。

第三个方面与阅读实用类书籍的第四个依据相同——作者的论述与读者自身是否相关。

俗话说，"以史为鉴，可以知兴替"，从这句话中我们也可以看出，理论上客观公正翔实的历史书，其实也充斥着作者（前人）留给读者（后人）的个人想法和建议。同时，历史类书籍最大的意义之一也正在于此。翻开历史书，除了了解自己感兴趣的故事以外，也有许多读者是为了从中了解始末、汲取经验，因此，一本书中是否拥有值得自己借鉴的内容，就成为了读者在阅读时必须强调的问题。

此外，明确这一问题还有一重意思，就是让读者在读书时不忘结合实际。对于一本有借鉴价值的书来说，重要的不仅仅是论述问题的症结，更重要的是提出解开症结的方法。仅仅破坏而不建设的论述虽然解气、虽然并无不可，但从这样的书中，读者也无法获取有助于解决实际问题的知识。这也是我们在一开始时建议读者多读几本同类书的出发点之一：只有进一步拓宽自己的阅读范围，我们才能比较并得出最为中肯、最为实用的结论。

除了明确以上疑问之外，读者还要带着一定的质疑或批判精神去阅读，这样可以让自己的大脑保持独立思考。当然，在进行批判的时候，读者也要有所依据，不能妄下结论。

批判的第一个依据是作者的逻辑。

前面已经说道，历史更多地带有故事的色彩，既然如此，故事中该有的完整情节同样要出现在历史书中。如果作者在论述问题时引用的史实资料不够合理，或者在论述史实时话题跑偏，他的结论显然不能令我们信服。

不论有意还是无意，总有一些记录历史的作者，会在书中漏掉一部分，或是某个领域的内容，既有可能导致说理不充分，也有可能误导读者。对此读者需要擦亮眼睛辨别。如果书中的前后内容无法自洽，相关的论述也就不成立了。

还有一部分读者由于各种客观原因（比如资料有限），对于一部分史实和资料的阐发是错误的，这样的内容自然也不应该被认可、接受。总之，读者一定要抱着怀疑的态度去审视。

批判的第二个依据是作者的引用不当。

许多历史书都是这样的方法：为了阐述自己眼中的"大义"，作者经常会对一部分"微言"的史实进行引用，作为自己的理论来源。但这种强拖硬拽的"拿来主义"，也常常会成为作者论述中的致命疏漏。其中一些谬误甚至是读者本人都耳熟能详的，但本该对此有所了解的作者却表现出了极不专业的态度。这样的书和内容，又怎能令读者接受呢？

无论是作者的逻辑不同、内容不足，还是作者的引用有误、知识狭窄，对于一本书而言都是极为致命的。一本书中如果存在这样的问题，读者就要打起精神了。在这些问题得不到圆满解决的情况下，不论作者的话说得多么漂亮，结论的正确性就会大打折扣，甚至很有可能根本就站不住脚。在这样的前提下，读者们还是抱着看看就好的心态更为合适。

传记类史书怎么读

人物传记类的书也是读者经常会见到的一类书籍。这一类的书籍我们同样可以将其归类于历史书。不论是以谁为主角的传记类图书，作者都不能抛开主角身处的时代背景，孤立地介绍主角。反言之，通过作者笔下对特定历史时期的介绍，读者就可以更加明确该时代的历史面貌了。

不过，传记类的历史书虽然有这样一个好处，但在阅读的时候，读者们也会遇到各种各样的麻烦。其中固然有作者本人表述方面的原因，也与不同类型人物传记的特性有关。传记类的书主要有自传、评传、人物小传、人物特写、回忆录、年谱、一般传记等，在这里我们可以适当归纳，总结为自传、评传、一般传记和定论性传记这四类。

自传类的书在这几类传记之中最为独特，也最值得读者留神——没什么别的，因为这类传记是作者本人对自己一生（严格来说不可能是完整的一生）的记叙。很显然，这一类传记在真实性的问题上最令人头疼了。

当由作者本人对自己进行剖析的时候有一个好处，就是别人很难明了自己的心理想法，但作者自己却可以做到。因此，在进行自叙的时候，我们很难有理由信任他是百分百忠实地记录自己的。如果说"为尊者讳"随处可见，"为自己讳"就更加显得顺理成章。对于作者而言，这无疑是标榜自己、掩饰自己的绝妙优势；但对于读者而言，这却是一个巨大的"坑"。

即便作者本人并没有这么复杂的心思，但在总结自己一生的时候，他们也很有可能会被某种强烈的"情怀"所支配，对自己做出不切实际的评价。这样一来，读者所见到的就不再是真实的作者，而是作者眼中的自己，或者说是作者用来"自我欺骗"的自己。

这种情况显然不是很妙，但也确实难以彻底避免。唯一值得庆幸的是，谎言不可能一直圆下去，即便作者本人有心隐瞒什么，通过他讲述的内容，读者也可以发现一些端倪。何况即便是自传文字，也会经过他人的增删，这个时候，许多原本被作者掩饰的内容也会浮出水面。

对于自传类的书，作者需要注意的有两点，一是不要耽溺于所谓的秘闻，二是多一点可贵的怀疑精神。只要做到这两点，就可以避免作者有意或无意的迷惑，用最清醒的头脑来看待事实，得到应有的启发。

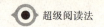

评传比起自传要好一些，因为这是由其他人来对主角的经历和故事做出梳理，并在多方参考的基础上写成。但当我们阅读这一类书时，还是要避免被作者的主观情绪所影响。

评传的又一个优势在于，作者手中的资料更加真实。有一类评传属于回忆体，是由与主角密切相关的人所写就，比如亲属、朋友、同事或部属。他们能够知道一些外人所不知道的事实，因此在他们笔下，读者能够更加深入地了解主角的生平。

不过，也正是由于作者与主角之间的密切关系，他们在写作的时候，很有可能会给主角打友情分。这样一来，读者们所能了解到的也不再是真实的主角，而是作者眼中的主角，或者作者希望读者看到的主角。

还有一类评传是采访体，也就是作者本人通过采访与主角相关的亲友，通过他们的回忆以及自己搜集的其他资料，来完成对主角的评述。这就等于是在主角亲友认知的基础上，又加入了自己的理解。这个时候，主角与读者之间就成为了这样的关系：主角—亲友—作者—读者。显然，史实的失真已然很严重了。

对于评传，我们不应该被作者牵着鼻子走，而是要综合分析书中介绍的时代背景、前因后果等内容，以此作为判断的标准——当然，阅读其他类的传记时也应该如此。此外还有一点就是，读者应该尽可能地多方了解，比如了解书中其他相关人物的故事。这样就可以在综合分析的基础上，进行正确的判断。

一般传记和采访体传记类似，是由与主角并无直接联系的人所写就，但在写作的时候，这些作者会表现得更加严谨一些。尽管他们不会错过与主角相关人士的一手资料，但也绝对不会将这些信息一股脑儿地全数写在书中。

　　不仅如此，这些作者还会大量参考其他文献资料，然后对全部信息进行梳理。因此，比起前两种传记，一般传记要更加客观。此外，一般传记也更多地带有故事性，能够让读者带着兴趣读下去。罗曼·罗兰的《名人传》就是其中的杰出代表。

　　从这类传记中，读者不仅可以了解到主角的经历，更重要的是能够学习到他们的精神。这类传记大多会借助跌宕起伏的故事剧情引人入胜。因此，读者要在阅读中善于领会。

　　第四类传记是定论性传记，这种传记比起前三者，在真实性上是最有保障的。这种传记都是对某一特定人物的毕生详尽总结，可以说是盖棺之论。因此，这类传记是绝对不会以生者作为主角的。

　　通常情况下，这种传记比起其他类描述同一人的传记，都要慢上好几拍，不为别的，就是因为要做到尽可能地周全。作者在写这一类传记时，不仅要走访相关人士，还要参考同一主题的书，甚至还要查证大量的现代历史，进行综合全面的分析。因此，这种传记往往不再是故事的形式，而是接近于学术论文、报告。

　　写这种传记是对作者功底的极大考验，一本成功的定论性传记在内容上，无疑是价值巨大的。但这种书读起来也有一定的难度，因为它很难做到精彩。故事性与权威性是全然不同的概念，只有极少数文字功底极强、逻辑思维极密的作者，才能同时兼顾两者。因此，读者眼中的定论性传记，总是文山字海而又内容枯涩。

　　无论这类传记如何枯燥，当读者翻开书的时候，就必须拿出足够严肃的态度，带着疑问和批判精神去阅读。这样一来，必定能从中得到比之前几类传记更大的收获。

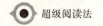

当前历史怎么读

说起历史，人们下意识中想到的大多是久远之前的故事。中国人或许会想到三皇五帝、汤武周孔；欧洲人则可能会想到中世纪的王权与教权。即便往后推一些，人们也还会想到两三个世纪之前，却对当下没有太多关注。事实上，当今社会随时发生的一些事件，同样可以归入历史的行列。

比起太古洪荒时代的精彩故事、大航海时代的惊心动魄，当代历史似乎平淡无奇、波澜不惊，也没有什么值得关注之处。然而，当代恰恰就是历史的延续。或许在多年之后，论述当代历史的书本，也会成为后人眼中的深厚积淀。因此，对于身处当代的读者来说，了解当下的历史也同样有价值。

许多读者之所以会疏忽当下，是因为觉得当下与我们过于密切，也十分易懂，不像经过了百年沉淀的历史那样，谜团重重、充满神秘。但是，我们必须毫不留情地提问：对于当下的历史，我们真的了解吗？

如果说翻开过往历史，所见到的其实是故事和传说；那么翻开当今历史（包括新闻媒体发布的信息），满纸之间是百分百真实的内容吗？表面上看，过往的史实被时间所掩盖，但当代的事实也同样会受到一定程度的扭曲。甚至于事实所受到的扰乱，会比史实更加强大。

因此，我们可以得出一个悲观的结论，我们不仅对历史所见有限；对于当下现实，也同样是知之不详。因此，在阅读关于当下事件的报道时，也要做到头脑冷静、思维清晰，尤其要注意把握其中五个方面的要点。

要点一：了解作者要说的事情

在判断这类事实报道是否真实准确时，我们主要的判断依据就是作者本人。在求证的时候，从作者本人叙述的内容来判断，是最为直观的选择。不论作者本人的想法如何，在讲述事实的时候，他总需要组织一定的语言、介绍事情的前因后果、得出自己的看法。在看过他所要讲的内容之后，读者就可以初步了解事情的经过了。

在资讯发达的今天，对于同一件事情经常会出现多种报道，其中一部分剧情甚至是完全颠覆的。尽管在可靠性上两者不见得谁高谁低，但通过比较，我们多少能够发现一些纰漏。

因此，当读者仅仅是读到一家之言的披露报道时，千万不要急着在脑海中下定论，而是要先等一等、再等一等。越是被炒起来的一些崭新热点"史实"，其中越容易出现一些常识性的漏洞，只需要让自己保持冷静的判断，我们很轻易就能看出一些门道。

要点二：了解作者针对的受众

针对同一事件，不仅是不同的读者，不同的作者也会有彼此分歧的意见。当这些意见被写入书中的时候，也就只能取悦一定范围的读者了。也有一些作者在最初的时候，就是为了针对某个特定的读者群体而写的书；所侧重表达的，也仅仅是自己认为重要的讯息。对此读者也要在心中明确。

从同一事件中，有的作者可能考虑到的是道德，有人考虑的是社会，还有人可能考虑到其他领域；在写作的时候，有的作者是为了号召读者进行思考，有的则是为了呼吁大众行动。

甚至有的作者根本就是为了自己的一部分受众而动笔，这在思想多元化的当今时代，并不是什么难以理解的事情。不同思想的作者也有着各自不同的阵营，他们的读者就是他们思想的拥护者。如果能够明白这一重关系，在读他们的书时，或许就更能透过文字看到背后的事情真相了。

要点三：了解作者本人的立场

有些书越看越使人不忍释手，有些书则看得令人想拍桌子。这不仅是由于某些作者太过蹩脚，也与作者和读者之间的思想分歧有关。

当今时代是一个价值观多元化的时代，书中体现着作者本人的思想倾向。因此，在阅读一本书的时候，读者与作者之间的思想交锋也就更容易出现。对于秉持着与作者完全相反的观念的读者而言，这样的阅读显然不是什么愉快的体验。

因此，在阅读一本关于当下历史的书籍时，读者一定要对作者本人的思想立场作起码的了解。否则阅读就变成了自找不痛快。

了解作者立场还有一个好处，就是有助于我们明确作者本人的论述是否正确。对一件事情，不同立场的人自然会有不同看法，但彼此冲突的立场，通常只有一个更站得住脚。因此，通过作者的立场，我们也可以看出他的论述在根本上是否合理。

还有一些作者会把自己的偏见也带入书中，或者就像之前所说，是为了争取那部分拥护自己想法的读者。这种从一开始就没有客观公正地论述也十分普遍。不论是"为了支持而支持"，还是"为了反对而反对"，都不是读者应该从阅读中学到的。

要点四：了解文中关键的字眼

所谓的关键字眼，就是作者在论述时所提到的关键词。这种关键词可以从好几个角度来看待。

关键词很有可能是一些重要的人物、时间、地点或事件，通过作者对这些内容的记叙，读者们就可以大致了解事情的前因后果，并借由其他相关论述来把握事情的脉络。

关键词也有可能是体现作者思想情感的一类描述，比如针对某人某事，"惋惜"这个词就可以看作是作者的同情，"自不量力"则可以理解为作者的反对。当然，具体到一本书中，作者既有可能是在客观记叙别人的看法，也有可能是进行主观的论述，这些需要读者自己做出区分。

还有一些关键词是与当前时代相契合的、也只有在当代的背景下，才能引起人们重视的词汇。通过这一类词汇，读者也可以把握作者的一些思想倾向——当然，其中一部分词汇往往会比较敏感，也会或多或少的涉及体制等方面。

通过这些关键字眼来审视作者也是一个很有效的办法，毕竟词汇本身有限的含义决定了作者无法随意使用，除非他完全是在说假话。不过这样一来读者反而很容易发现其中的不实之处了。

要点五：了解作者本人的能力

尽管我们更看重的是书本身内容的价值，但作者本人同样不能脱离我们的视线。毕竟作者才是一本书的创造者，他的能力水平与书的价值密切攸关。

一本书中考验作者能力的地方很多，因此，我们也要从好几个方面来审视作者。其中一个最基本的方面就是，作者本人的知识水平如何？

只有凭借足够的知识才能拨开重重迷雾，揭露事情的真相，但并不是所有的作者都拥有这样的能力。有许多作者受限于自身的眼界和知识范围，即使了解了事情的前因后果，也无法做出深刻的剖析，甚至还可能带有浓厚的个人偏见。这类作者笔下的文字显然无法让人苟同。

还有一个方面是作者本人是否真的了解真相。许多重大的事件都不会彻底展露出来，目击者所目睹的，往往也只是一部分真相。作者究竟是通过何种渠道、是否真有渠道去探究全部真相，也难免令人怀疑。何况要了解发生在当代的事情，也更容易受到当代的一些阻扰。所以，读者在读这一类的书时，一定要对作者了解问题的能力有所评估。

有时候，真相不仅仅体现在事件中，更藏匿在人心深处，单是通过事件来做出判断也会有失公允。白居易对此有一句诗："周公恐惧流言日，王莽谦恭未篡时。向使当年身便死，一生真伪有谁知。"通过事件所能了解到的，通常也仅仅是发生在表面上的事情，至于事件相关人内心各自怎么盘算，那可就真是说不清道不明了。如果我们只是通过这些表象或作者的一己之见作出判断，认识就很容易出现偏差。

以上五项要点在阅读当代历史时，能够起到很大的理解作用，但这些要点的适用范围还能更广。在任何论述性的文字当中，这些要点也可能成为判断作者论点论据是否充分合理、是否具有说服力的依据。

第三节　科普类书籍怎么读

准确定位阅读的目的

生活在现代社会的人，很少有小时候没有梦想过成为科学家的。当我们翻开一本图文并茂的科普类图书时，也总是读得格外津津有味。然而随着年龄渐渐增长，大部分人却都失去了幼时的热情——就像我们所接触到的科普书也越发枯燥一样。

科普书枯燥的原因大多在于，书中的内容略去了文辞修饰，但这反而使书更具专业性、更加便于沟通、理解。这是对科学家而言。不幸的是，大部分读者并不具备这样的专业知识和素养。

尽管在读者眼里，这种专业性的科普书籍实在令人头大，但这种演变又是一个不可逆的过程，毕竟这种专业性的书籍更加有助于科学思想的交流碰撞，加快带动科学进步的步伐。但读者的阅读需求和增长知识的需要也应该被考虑，所以我们建议读者，可以把那些相对流行的科普书作为主要的阅读目标。

比起全部由枯燥的定理、专业的术语、严密的推论构成的科普书，流行类科普书的阅读难度相对要低很多，这对于想要探索科学海洋的读者而言，是一条轻便的小船。不过这类读本也有一个致命之处——作者本人的知识能力水平，很难与专业性科普书籍的作者相比。因此，流行类科普读本的内容质量经常参差不齐，其中也许还会有一部分知识或逻辑上的谬误。这些都会对我们了解科学真相带来巨大的误导。

此外，为了充分认识科学这一知识领域，读者还可以从一些知名的科学经典著作进行切入。需要指出的是，阅读这类书并不是为了让我们成为科学领域的佼佼者，而是希望借由对科学发展历程的了解，来正确看待科学发展的道路和未来方向。这一点对于那些阅读专业性科普书的读者也同样适用。尽管表面看来，了解这些内容并不能增长我们在科学领域的知识面，但对于科学知识基础浅薄的我们而言，这却是一种更具意义的使命。

在阅读科普类书籍的时候，读者主要应该明确作者在书中所要解决的主要问题——作为与人类社会进步紧密相关的领域，这些问题通常不会孤立存在，而是反映了特定时期内，人类社会进步所面临的种种重大问题，也体现了人类在面对社会进步时，对未来的迷惘与憧憬。这些知识尽管与专业科学知识并不完全接轨，但却带有更多的人文社科性，对于读者而言，这同样是一笔价值巨大的精神财富。

此外，如果我们对科学本身的发展历程和道路进行回顾，也会发现一些流行科普书中存在的知识谬误或理论错误。这是因为在科学发展的道路上，必然伴随着思考与选择，这种选择经常就是对与错的选择。因此，我们可以通过这些更具权威性的论述来把握真正的科学理念，形成对科学发展的正确认知。这样一来，在阅读流行科普书的时候，也就不会轻易地被谬误所误导了。

阅读科普名著的方法

与流行类科普书的很大一点区别在于，专业的科普经典从最开始的提问、到中间的探索、再到最后的结论部分，必然是一个连贯性的内容，否则就不足以证明其权威。也正因此，这类科普经典往

226

往会在限定的领域范围内作专业的论述。对于某一现象，科学家必须做出全面、正确、精准的描述；对于各种现象彼此之间的关系，科学家也要做出最为准确的分析、论证。

胡适曾经提到过这样一种学术研究精神，"大胆假设，小心求证"，在科学研究领域，这种精神更是伟大创造的源头之一。但既然是科学家个人的假设，也就难免会带有一些个人意志。不过值得庆幸的是，尽管作者会把自己的意志带入书中，但这种意志最多也就是一种偏见，而非夸大其词。比起事实真相可能完全颠倒的其他类书籍，可以说是难能可贵了。

在阅读这类科普著作时，读者首先要明确作者的假设，并在后续的阅读过程中，时时对照这一假设，分析作者的论述过程和最终结论。这样才能尽可能地破除作者的偏见，得出最为真实可靠的结论。

在阅读专业性较强的科普经典时，读者们必然会遇到一些拦路虎，比如专业的术语或者定理。通常情况下，当作者不得不运用定理进行阐述的时候，就说明这部分内容很可能十分关键，甚至于是全本书的主旨所在。找到这些关键之处，读者也就能够从晦涩深奥的文字当中，准确把握全书的核心内容，了解到最为重要的知识。一般来说，这并不难做到，因为科学家通常只是就某一现象的本质进行说明，而不像其他历史社科类的书籍一样，涉及各种观念或思潮的碰撞。

科学家在进行研究探索、分析总结时，最常用到的办法有两种：归纳法和演绎法。其中，归纳法是通过对某一现象的具体研究，得出一个普遍的法则；演绎法则更多的是通过对其他理论的推论，得出更进一步的结论。但这两种方法也给读者的阅读变相带来

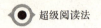

了困扰。

对于科学家而言，这些科学知识都是经过自己的亲自实践得出，在权威性和真实性上不容置疑；但在本着质疑精神去阅读的读者看来，这却是非常尴尬的局面。限于自身的知识和能力，读者没有办法通过自己的实验，去判断观点的真伪，不论作者说得如何头头是道，读者还是要依靠自己去做出判断。面对这种情况，读者只能兜一个圈子去侧面了解。

比如，读者可以通过在网上搜集相关的实验过程资料（视频、图片等），来了解结论的可靠性，或者通过其他方式去了解相关实验的一些展示成果。尽管这样还不能完全打消疑虑，但却是读者当下所能做到的、最接近实验真相的工作了。

之前我们提到，读科普经典的目的并不是为了将自己塑造成科学领域的专业人才，而是为了了解其他内容，比如获得人文自然方面的感悟等。因此在阅读的时候，读者也可以跳过那些精深艰奥的内容，去重点阅读那些启发性的、理念性的内容。

这些内容虽然无法增加我们在专业领域的知识，却可以对我们的思想观念进行刷新，让我们对于科学本身，有更加科学的认识和了解。这也是阅读科普经典的方法之一。

在实际阅读中，由于专业知识的匮乏，尽管掌握了这些方法，我们仍然会受到不同方面、不同程度的阻碍，比如数学问题。对此我们接下来会进行专门的讲解。

数学——科普书的铁板

从概念来看，数学是研究数量、结构、变化、空间以及信息等概念的一门学科，从某种角度看属于形式科学的一种；从作用来看，数学是学习和研究现代科学技术必不可少的基本工具，在人类历史发展和社会生活中，发挥着不可替代的作用。显然，不论是在本质上还是运用上，数学都是科学（包括科学本身与科学研究）的重要一部分。

数学在科普经典中的体现，主要有两种形式：一种是本身就是数学领域的科普书，另一种是科普书当中的数学知识。对于习惯了文字阅读的读者而言，数学的出现犹如一种巨大的障碍，甚至有许多读者一看到书中涉及数学定理或是数学图表，就会热情顿消，甚至望而却步。至于那些专门论述数学领域知识的科普书，就更是让人觉得万分沉重了。

但是，如果我们必须要进行阅读的话，就无论如何也不能回避科普书与数学之间的必然关系。所幸的是，只要我们多加总结，就一定能找到一些相应的巧妙方法，去克服令人恐怖的数字。

第一，如何阅读数学科普书

在这类型的科普书中，数学占到了最大的比例，因此阅读起来更加显得举步维艰。但在做出这样的论断之前，我们先要摆正好自己的心态。在现有的教学模式下，数学与语言的教学似乎采用的是两种完全不同的方法，但事实上，我们完全可以把数学看作是另一种文本、文字。

19世纪末20世纪初，法国最伟大的数学家庞卡莱曾经说过这样一句话："数学是一种语言，我们不能用这种语言表达不精确或含混不清的思想。"从这句话中，我们就可以得到阅读数学读本的启发。在传统的认知下，我们经常把数学看作是另类的知识，却没有从语言的角度进行看待。或许，这种不把数学当语言去阅读的心态，才是造成阅读障碍的主因之一。

如果回忆自己学习语言文字和阅读的最初阶段，我们就会发现：其实我们的学习过程也并不舒畅。在最初的阅读中，由于掌握的文字和词汇量有限，我们也常常在阅读中碰壁，遇上一些文字关卡。这种困惑与阅读数学时卡壳，其实并没有多大的不同。既然问题出在同一个方面，解决的办法自然也可以如法炮制。

即便是掌握了大量词汇和知识储备的成年读者，也经常会在阅读时遇到一些生僻字，或者全然陌生的概念。这个时候，读者们通常采取的办法就是查找字典，或是通过书中的注释或网络，来搜索某一概念的真实含义。如果我们把数学也看作是一种语言，就可以采取类似的做法。

作为一种全新的语言，数学也有着自己的词汇、语法、文法和句法，读者们应该将其作为一门语言的课程去认识、学习。由于数学也是一门强调准确性的科学，因此在内容上反而更加接近真实，不会在文字阅读中，由于个人情感和思想观念差异而造成理解失当。这样看来，数学反而是更加简洁、明了、易懂的语言。

在阅读数学经典的时候，读者要重点把握的主要是数学主旨、共识、公式以及符号等方面的内容。这些内容都是数学当中最为重要的概念。

所谓的主旨，我们可以先简单理解为作者在书中论述的主要方面。比如微积分和几何都是数学概念的一部分，但读者在面对一本微积分著作和几何学著作时，绝对不会将两者看作是相同的概念。而共识则是基于一些已经被验证、并得到作者和读者一致认同接受的定理或概念——只有在这样的前提下，作者才能把自己的观点灌输给读者，反之亦然。

数学与常用语言最明显的不同，在于数学的描述会采用大量的符号和公式或许我们可以试着将它看作是一种独立的语系。在这种语系中，每一个简要的符号和公式，都包含着大量的信息，相当于是信息压缩包。这些符号与公式本身就包含着各种信息之间的逻辑关系，只有把这些关系弄明白，读者才能更加方便地掌握数学。

由于强调准确性，也没有文辞的藻饰，数学在逻辑上更加简明——虽然也会层层递进，比较曲折。因此读者在阅读时，心态要表现得足够淡然。

第二，如何阅读包含数学内容的科学作品

一般来说，很少有读者会主动去接触那些专业的数学读本，更多情况下，他们都是被科学作品当中的数学部分给拦住了。不过在初步了解了数学读本的读法以后，对于在科学作品中"客串"的数学，我们也就不必太担心了。

流行科普书之所以称得上流行，就是因为其广泛的受众——不仅专家学者可以轻易读懂，普通读者也可以从中了解很多。因此，这类科学作品中的数学通常被局限在特定的范围内，是只有在文字不足以做出客观准确、具有说服力的描述前提下，才会去使用。比较常见的就是某一实验论证过程中，要采用的某些数学公式；又或者还有更加简明扼要的内容，比如分析得出的数据和列出的图表。

后者基本上不会引起任何一位读者的担心，因为不论在理解还是记忆上，这部分数学都不具有难度；反倒是前者会令我们感到头疼。但如果读者按照之前所提示的那样，已经阅读过一部分专门的数学读本，那么这些部分出现在书中的数学内容，就不再是不可跨越了。

此外，既然读者们并没有选择数学领域的专业书籍，某种程度上就说，书中的数学部分于他们而言并不是太重要的内容。既然如此，读者们就可以采用速读当中的某些方法，略读、跳读或者寻读。在包含有数学内容的其他领域科学作品中，这种阅读通常都会更加有效。

不论是运用哪一种速读方法，读者们都要把握重点，面对这类科普作品也是一样。在这类书籍中，读者可以采用以下三种方法。

方法一：只读定理和结论

科普作品通常都要进行好几次阅读，这里我们只需要掌握初读的技巧。作者在讲述某个结论之前，通常都会借助一定的数学原理、定理来说明，对于这些定理和结论，读者应该放在首要地位。具体来说，读者要对作者所提到的定理进行详细的了解，再分析定理与结论之间的必然联系是否真的存在。

方法二：读引理和注解

在科普类的作品中，定理与结论之间不只有因果关系，还有层次关系。很多时候，作者为了说明（推导）某个结论，需要从一个母定理出发，论述好几个方面的子定理；或者需要经过好几个步骤推论，每一个步骤都需要引入一些新的定理。这一类定理就是引理。为了验证结论与定理之间的必然联系，引理也是读者需要了解的内容。

注解则是作者对一些关键词或重要内容的补充说明。一些浅显的补充就是相关内容的提出者或出处，相对深入一些的则是这些内容的具体内涵。了解这部分内容，有时候也能使我们茅塞顿开，或者对全书有更加明确的认识。

方法三：跳过可略的数字

为了让自己的结论更具说服力，作者也经常会引用一些数据作补充说明。其中最简单的就是在文字中直接掺入数据。还有一些数据相对复杂，作者需要列出图表进行介绍。通常情况下，这部分内容都是可以跳过的。阅读科普作品时，读者同样可以从自己感兴趣的内容出发，有选择性地阅读吸引自己的内容。但与此同时，为了保证自己得到的结论是正确的，读者也要多加留意，不要漏过那些比较重要的内容。

总而言之，在阅读包含有数学内容的科普作品时，读者应该明确自己的目的是什么。通过阅读科普作品而成为科学领域的专业人士，显然是不可能的，读者也没必要给自己立下这样严苛的标准。抱持着了解的心态去翻开一本书，不论是专业的数学读本还是一般的科学作品，都会给读者带来更佳的阅读体验。

把握科普书的重点

鉴于科普作品的专业性，我们还是有必要向读者强调一些重点问题，即阅读中要把握的几处要点。这些要点更多的还是从文本的结构和内容上来论述的。

第一个要点是态度。

科普作品并不像小说故事那样注重剧情，有逻辑性的说理才是最主要的特征。如果读者仅仅是像阅读故事那样一晃而过，即便书中并没有一处令人头疼的数字，要想理解仍然会十分艰难。当然，这种现象也同样存在于哲学思想类的书中。

面对这一类书籍，读者首先要有正确的阅读态度，对于书中的内容要仔细阅读，前后对照进行思考，通过大脑的分析思维做出认定。也就是说，读者必须打起精神，秉持着学术研究的精神去阅读。面对任何一本内容晦涩深奥的书，都应该有这样的觉悟。

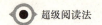

第二个要点是确认主题。

从定义上来看，科学是分科而学的意思，是指将各种知识通过细化分类（如数学、物理、化学等）研究，形成逐渐完整的知识体系。科普作品也像科学本身的内涵一样，包含有多方面、多领域、多学科的知识内容。读者在阅读之前，一定要对书本的主题准确认识。

如果带着迷糊的头脑去阅读，我们很容易就会被作者在书中的论述带着走，让自己的认知更加混乱；夹在定理与结论之间的各种论据和逻辑，也会让我们无所适从。明确主题不仅是为了正确认识书本，更是为了让读者明确自己要把握哪些内容，避开哪部分旁枝末节的信息。

第三个要点是明白整体关系。

科普作品不仅要保证真实性，在结论的推导上还要保证合理性。这也是任何一篇论述性文字的必备要求。对于读者而言，科普作品中的论述是否逻辑通顺、表述是否合理，也是最起码的要点之一。

要想弄懂这一点，读者主要可以从全书的内容上进行把握，从全书整体与部分的角度审视前后内容是否一致，定理与结论之间是否紧密契合。通过作者的逻辑思维和所引用的论据，我们也可以初步判断出作者的水平，以及书中内容的可信程度。

第四个要点是与作者保持一致。

首先我们必须强调，这种一致并不是说作者说什么我们就信什么的盲目接受，而是在对书中的内容进行理解时，首先要做到真的知道作者在说什么。

现实当中我们经常会见到持异见者之间，面红耳赤的争论，很多时候这种异见其实是源自于双方对同一基本概念的认识分歧。之所以越争越远却无法说服彼此，就是因为双方从一开始就不在一条道上。这种错误在阅读中也并不少见。

这就是我们强调一致的出发点，也是主要方面。在对某一结论进行判断的时候，我们首先要保证自己真正看懂了作者的原意，或者说站在作者的立场上去看待他的结论，而不是另辟"战场"，站在对立的一面。

如果不能准确把握作者的意思，接下来的分析和理解就完全是白费力气了，何况这也偏离了我们阅读的初衷。因此，读者应该尽可能地保证自己与作者在关键概念上的认识一致，或者先从作者的角度审视结论。

第五个要点是把握论点、论据和论述。

科普作品的难度显而易见，因此读者不必把精力平均分配在全部内容上，而是要把握重点。这一点我们在之前已经提到。对于科普作品而言，最重要的内容就是作者的主要论点和论据，以及相关论述。

这些内容也必然是作者重点讲述的，掌握这些内容既是跳读的前提，也是最快最准的阅读方式。略过其他部分专注于这些内容，读者也可以集中精力去思考作者的想法和逻辑，判断出其所言是否真的无懈可击。

当然，面对一本科普作品，读者也要顾全其他方面，但以上五个要点相对来说更加重要、更值得把握。此外，根据文本的篇幅和领域的不同，读者也要灵活应变，准确把握核心内容。

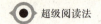

第四节　社科类书籍怎么读

易读又难读的社科书

社科类图书可以说是当今市场上最受欢迎的一类书籍，也是占据了市场主要份额的主流书类之一。走进任何一家书店，社科书的身影也总是会出现在柜台最显眼的地方。因此，我们对于这类书也要有足够的认识和重视。

社科书虽然是最常见的一类书，但常见并不意味着易读。客观来说，社科书是属于易读又难读的一类书。说它易读，是因为社科书更贴近社会生活；说它难读，是因为社科书中也包含了许多专业领域的内容。

关于社科书贴近生活，我们主要可以从两个方面来理解：一是社科书的主要内容；二是社科书的关键词汇。

社科书主要包含的是政治、经济、军事、文化等领域的内容，毫无疑问，这些都属于社会范畴。作为同样包含社会性的社会人类，任何一位读者对于以上这些领域，或多或少都有过了解或者接触。因此，读者在阅读的时候，很容易结合自身社会经验、对照书中的内容，来判断作者所言真假。

大部分社科书都是通过叙述的方式，完成对作者观点的阐释，对于读者而言，这也是一种相对轻松的表达方式。比起逻辑性和说理性较强、需要读者不停思考的议论，叙述的阐发更加直观，作者可以在阅读时直接看到作者表达的观点。

大多数读者都会被科普书中各种深奥的术语所吓倒，然而这些专业术语往往又是极为关键的词汇，是读者无法跳过的部分。在社科书中，这种情况会好上许多。如果读者不是要追根究底的话，对于社科领域内的专业术语，就没有必要害怕。因为这些术语大部分都是我们在日常生活中经常听闻的。

譬如，在一本经济类的社科读物中，资本、土地、劳动力、剩余价值、利润、需求、投资……这些都是十分具有代表性的术语，但大部分读者对此都不陌生；读者们也同样经常在生活、工作和交谈中，听闻、言说政治、军事、文化等领域相关的专业术语。因此，面对大多数社科书时，读者们最起码是带着一颗清醒的头脑去阅读的。

正因如此，大部分读者在面对社科书时，或多或少都会松一口气，不像面对科普、数学读本时那样煎熬。不过，这也并不意味着阅读社科书真的毫无难度。

任何一门学科都是由浅到深、难度逐级加大的，当社科领域的知识进阶到较深的层次时，读者们也会感到吃力。社科书的难读主要还是体现在内容方面。

一方面，社科书中的专业术语虽然看似简明易懂，但细究起来，其中也包含着丰富的外延和内延，如果不结合上下文具体分析，读者也很难保证自己理解了作者的真实意图。譬如"自由"一词，既可能是指人与生俱来的自由，也可能是指政治权利上的自由，还有可能是指婚姻自由。只有明确把握了作者本人的出发点和论述方向，读者才能保证理解、跟上。

还有一种情况更加尴尬，就是读者们经常发现，自己与作者对于某一个关键词的理解是不同的。事实上，社科领域对一些概念的定义，也确实不像科学、数学领域那样统一。在数学当中，点就是点，线就是线，没有丝毫含混之处。但在社科领域中，经常有不同的学者对同一个概念产生理解分歧，在做出严格定义时，出现观念上的冲突。甚至于围绕着"社会学"这一概念本身，不同的学者也会各执一词。

在专家、作者都没有一致认识的前提下，我们很难说自己能够理解一本社科书的真正内涵，即便理解了一本，也不代表我们可以用同样的理解去翻开另一本书。因此，如果要追根究底，社科书也会变得很难读懂。尤其是有的作者，本人并不具备足够的知识储备、对专业术语的理解也存在误区，却肆意引用这些术语胡乱阐发。那么读者读这些书不仅会茫然无解，更是毫无价值。

即便作者本人的理解、引用和论述都有其合理性，可一旦叙述触及较深的层次，也会加大读者的理解难度。任何一个领域的知识都是如此。因此，源于社会生活的社科类书籍，也并不像看起来那样容易上手。

另一方面，社科书中的各个领域经常彼此穿插，呈现在读者面前的内容，也并不总是局限在特定的范围内。在论述中国古代社会思想的时候，作者可能会引用西方世界的思想观点；在论述经济发展的时候，作者也很可能会讲到政治领域的内容；在了解科学发展历程的时候，我们可能还要对当时的宗教和社会背景进行了解……限于篇幅，作者又不可能将这些知识全部详细阐述，因此读者只能通过自己已有的知识基础，来梳理这些彼此交错、互相穿插的知识点。

这样看来，读社科书不仅不能太过乐观，相反还要小心翼翼、尽可能做到准确理解。偏偏问题在于，作者本人在写作的时候，也很有可能正处于理解模糊的情境。也就是说，读者们要在作者本人都含混不清的前提下，去准确把握作者的主要意图。这个时候，我们就很难避免理解偏差，甚至彼此分歧了。

社科书的阅读要点

正因为社科书并不如表面看起来那么简单易读，读者在翻阅的时候，也必须注意一定的原则和方法。根据社科书的特点，我们需要重点把握以下几个要点。

第一，阅读的心态

社科书中，读者要重点掌握的一项内容就是作者的观点，但现实当中，读者的理解经常会与作者发生冲突。一方面，由于作者本人的说明不够清楚；另一方面，读者本人的偏见也是造成理解偏差的原因。对此，我们要给出的建议就是：读者在阅读社科书时，必须放下自我，揣摩作者的思路并顺着这一思路去理解、把握。

有一句话是这么说的："读书时不能带有观点，读完书不能没有观点。"这句话重点表明了一个意思，就是避免先入为主。一方面，在开始阅读之前，我们并不明了作者本人对某一概念的理解，以及他的真实意图，先入为主的想法很有可能成为偏见的源头；另一方面，读者有限的知识基础也不容许在阅读前肆意猜测，偏离书中的主要方向。

换言之，读者应该摆正心态，谦虚地了解作者的真实想法，然后根据已有的论述，通过自己的思考和逻辑检验得出结论。只有建立在这一前提下的结论，才能最大限度地保证正确合理。

有时候，尽管读者可以在阅读前保持客观，但在得出结论之后，这种客观仍然会荡然无存。基本上，这都是由于读者心中带有偏见造成的，可能是因为对作者就某个概念的理解不认同，也可能是因为对作者分析方法的不认同，还可能是因为对作者观点立场的不认同……总而言之，导致的结果就是，读者对作者的观点根本不认可。

对于这种结果我们不能多说什么，毕竟每个读者都是基于一定的阅读立场的。但我们仍然可以给出一点建议：互换立场，做好角色转变，顺着作者的逻辑思维去推导其结论。如果我们无法从中找到逻辑上的漏洞，所剩下的选择就只有接受了。

第二，思考阅读

社科书与历史、小说等书不同，剧情故事从来不是阅读的要点，其中的具体内容才是阅读的主要方向。对于剧情故事，我们可以选择相对被动的接收，但对于具有思辨性的社科知识，读者必须要带着一定的问题去思考、阅读，尽可能做到具体、翔实地理解其中内涵。

如果我们只是像读故事那样，全部按照作者的思路去理解，就会完全失去主见。失去主见与之前提到的偏见，可以说是过犹不及的关系。因此，读者要在阅读前明确一些问题，再带着客观求实的态度去阅读。

需要指出的是，这里的问题不是指主旨宽泛、含混不清的问题，必须做到内容具体明了、直指要点。同时，这些问题最好是多多益善，尽可能地覆盖全书内容。随着阅读的不断展开、深入，读者应该对书中内容愈发了解，并提出越来越多有意义、有价值的问题，不仅要保证数量，更要保证质量。

第三，围绕一个主题多方阅读

即便我们仅仅接触一个领域、围绕一个主题，光是阅读一本书也不足以让我们了解全部。这也是阅读社科书的一种惯例。社科书的重点更多在于其围绕的主题，至于书中的具体内容如何，反而不是读者最应该关心的了。

在社科领域中，我们很难清晰地指出，哪位作者的思路更加合理、立场更加公正、结论更加正确，可以说，围绕着同一个主题，社科书的答案和观点更具有开放性。如果我们想要得出尽可能满意的结论，就必须广泛涉猎，加大阅读量。并且这种阅读也不以某一作者为标准，而是要以主题为准。

这是因为，社科是一个相对新兴的领域，尽管关于这一领域的著述十分丰富，但其中的传世经典篇章却十分有限，更多的是各有立场、各执一词的论述。仅仅是阅读某一作者的作品，不仅会失于偏颇，而且也会限制自己的知识范围。在社科领域中，并没有太多像其他领域那样的名家，何况，为了跟得上时代发展的形势，社科书的更新换代频率甚至更快。为了跟得上这一形势，读者们也只能尽可能地扩大自己的阅读范围。

为了保证自己不偏离主题，读者可以一边读一边记录，在纸上首先列出主题，然后将每本书中与主题相关的内容，一一记录下来。记录既可以采取并列的方式，彼此之间相互对照、补充；也可以根据内容之间的因果关系，形成前后关联。

第四，从兴趣出发

社科书中的内容经常十分混杂，这既是优点，也是一种缺点。优点在于读者能够更加全面地理解某一概念，了解某一现象；缺点在于其中很可能夹杂着读者不需要了解的内容。在条件允许的情况下，读者也可以根据自己的需要和兴趣，有选择性地阅读其中一部分实用内容。

即便单纯地从自身兴趣出发阅读，我们也可以了解到很多有关社会科学的知识，原因很简单，社科所囊括的范围实在是太大了。因此读者完全没必要拘泥于某一本书。从自身兴趣出发去选择阅读，效果类似主题阅读，都可以加深我们对某一特定领域知识的了解程度。

第五，了解一定的社科研究方法

尽管社科作品内容混杂，作者之间又有着各自不同的立场，但我们仍然可以依据一定的标准，来鉴定、判断其叙述是否合理、是否值得采纳。这一标准自然就是社会科学的研究方法。只有将结论与研究的方法论相结合，才是最佳的检验方法。

以上方法在阅读其他类型的书籍时，也能帮助读者起到一定的理解作用；其中的围绕主题进行阅读，更是读者阅读社科类读物时，应该重点掌握的方法。之前我们曾提到，阅读的第四个层次叫作"主题阅读"，这正与社科书的阅读不谋而合。某种程度上可以说，主题阅读就是针对社科书的不二选择。对此，读者们要有最大程度的重视。

第五节　哲学类书籍怎么读

阅读哲学的方法一——把握中心思想

哲学主要研究宇宙的性质、宇宙内万事万物演化的总规律、人在宇宙中的位置等一些很基本的问题，是有着严密逻辑系统的宇宙观。因此，从阅读难度上进行划分，哲学书无疑要归类于最高的一级，比起科普读本也不遑多让。对于普通读者而言，哲学本身即是一个充满说不清、道不明意味的概念，遑论掌握阅读要点了。不过读者们也无须担心，因为在这里，我们将列举几种阅读哲学的有效方法。一是把握中心思想。

从定义上不难看出，哲学类的书也是研究一些具体问题的，哪怕我们对这些问题毫无了解。但从一本书的角度来看，掌握重点才是阅读的首要工作，以及必经之路。因此，我们在阅读时要始终牢记这个问题：寻找到书中的问题。

作者在书中论述的主要问题，通常就是一本书的中心思想——对于任何一本书而言，这都是堪称金科玉律的法则，在哲学书中也不例外。尤其是哲学书中充斥了大量思辨性的内容，晦涩难懂，短短的几句话就有可能使读者彻底晕头转向。找准中心思想，我们就可以围绕着这一主题去看待其余文字，避免领会当中的失误。

不过，这种理论说起来简单，实际操作起来却十分艰难。一方面，哲学概念是十分模糊的，无法像数学定理那样准确言明，需要读者动用精神的力量体悟；另一方面，关于哲学的理念和思辨也会

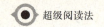

隐藏在文字当中，而且更加不容易被读者察觉到。这就造成了读者阅读、领会哲学图书的最大阻碍。

还有一处困难在于，哲学的思考范围过于宏观，涉及人生、世界乃至宇宙各个层面，我们即便是把一本哲学书倒背如流，也不能充分保证自己的领悟方向就是与作者契合的；甚至于我们所把握的中心思想，是不是作者真心要表达的中心思想，也都很难说得清。哲学书也因此呈现出了既精深、又晦涩的特点。

但不论这一方法在实际运用中难度如何，我们都无法回避这一选择。比起接下来要说到的方法，这一条是最为基础的。即便一时间无法掌握也无妨，因为这种书也经常需要长期的反复阅读，才能做到研究透彻。重要的是，读者千万不能因为一时的吃力而放弃，否则，阅读也只能徒劳无功。

阅读哲学的方法二——从简单的哲学入手

把握哲学书的中心思想难度本就不小，我们也完全没必要用高标准来苛求自己。为了逐步提高阅读能力，我们建议读者还是先从浅显易懂的哲学读物开始。哲学的本来含义就是热爱智慧，而一个热爱智慧并拥有智慧的人，是绝不会抱持功利之心的。对于高深的哲学智慧来讲，由浅到深的学习与思考，才是最合适的阅读方法。

哲学的本质是思考，任何一本哲学著作都可以看作是作者的思考总结（针对某一主题或问题）。对于我们而言，赞同作者在书中表明的观点并不重要，重要的是我们要对作者的思想和思考方式进行思考。这种思考有两个要点：一是要跳出日常思维，甚至要超脱尘世，凌驾于宇宙之上，思考的内容越发散、越遥远越好；二是要专求甚解，发挥打破砂锅问到底的精神，在认同作者的某一思想时，也要说服自己从反面进行思考，甚至试着举出反例来否定、推翻原有结论。渐渐地，我们甚至会对整个世界产生不信任，认为天下间再没有任何一个永远适用的真理。

在这个阅读哲学的基本功修炼阶段，我们可以先抛开那些长篇累牍的名家著述，从那些论述有关哲学的历史、哲学家的主要思想的书入手。这一方面有利于我们探究哲学的源头。从哲学的诞生和发展脉络角度，来了解哲学研究范围的具体内容；另一方面，也可以使我们对各个年代、各种流派的哲学家及其主要思想进行初步了解，不仅能先自主思考那些哲学家提出的种种经典问题，还能避免先入为主的印象，对某种哲学观点盲目推崇，或对与之相对应的哲学观点盲目的排斥。

当我们对哲学的基本问题有了大致了解之后，我们才可以选择那些较有深度的哲学书。但同时我们依然要多方涉猎，广泛了解各种在世界历史上产生过重大影响的哲学问题，力求避免被一家之言所"俘虏"。好在不论中西还是古今，研究哲学的大有人在，各种哲学思想的碰撞也十分激烈。只要读者有心，就一定能在这种思想的交锋中体会到巨大的乐趣。

这一过程中读者还需要注意一个要点：不论是想了解哪一位哲学家的观点，在阅读时都要从他的原著入手。当然，大部头的原著读起来不仅费力，而且是对精神的极大"折磨"，比起那些由旁人编著、可以代替自己思考分析的书，可以说一者是地狱，一者是天堂。但这种书无论是在质量上，还是在内容上，都与原著有着很大不同，而且很容易使我们形成偏见。

或许有读者会担心阅读速度变慢，但对于哲学书而言，这种慢却是有其必要的。只要能够在阅读时不断思考，提高自己的理解能

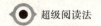

力，在接下来的阅读当中，我们迟早会变得越来越快。

阅读哲学的方法三——了解关键词和主旨

通常情况下，科普读物难以读懂，是因为书中包含了大量的专业术语，造成了理解过程的曲折；但当我们翻开一本哲学书进行阅读就会发现，即使书中并没有过多专业词汇，我们仍然经常摸不着头脑，读得十分吃力。这也体现在哲学书在内容方面的一些特征。

尽管哲学家在自己的著作中所用的经常是一些日常生活中熟悉的词汇，但这些词汇在组合成句的过程中，却不仅仅是按照字义、语法等这么简单，还要考虑到哲学家本人的逻辑思维。因此，即便是那些众人耳熟能详的简单词汇，在哲学家眼里也经常被赋予其他的深刻含义。不幸的是，哲学家所拥有的渊博智慧，使他们能够轻易地理解这些词，但在其他人眼里，这种信手拈来的引用和论述却带来了难以估量的理解障碍。

还有一种麻烦的情况，就是哲学家本人在同一本书中的论述，也会出现前后无法契合的地方。但这种不契合也不等同于矛盾，因为矛盾往往出于哲学家的谬误，并且前后互成水火之势；但不契合则仅仅是因为哲学家的前后论述不同。这种情况有很多种情形：也许他是想先列举一个原则，再在后续内容中对这个原则进行阐发，得出某个更进一步的结论；也许是他想使用欲扬先抑的笔法，先对自己眼中谬误的观点和逻辑进行梳理，然后逐一分析、批驳，得出自己认为正确的结论。总而言之，这种前后不一的情况，在长篇累牍的哲学书中也并非罕见，面对这种情况，读者们只能依靠自己的思辨做出准确判断了。

这两种麻烦，源头都出在哲学家本人，但偏偏所有读者都无法改变这种局面，因此我们完全可以将其看作哲学家本人在书中给读者挖下的"坑"。要想填起这个坑，读者们所能做的就是从关键字词和主旨上进行把握了。

在科普类或是其他读物中，那些晦涩难懂的专业词汇通常就是关键词，在哲学书中，这些专业的术语也不少见。但不同之处在于，这些专业词汇在哲学书中，往往并不是关键词，或者说，它们仅仅占到了关键词的一部分。事实上，尽管哲学书中经常出现一些诸如"本真的自我""本质自我""理性真理""偶然真理"这样一些令人一时茫然的术语，但其中也有一些是极其易懂的，比如"悲观主义""不可知论""超人""泛灵论"等。相比之下，反倒是那些出自日常用语、却又被赋予别样内涵的词汇更加致命。可以说，这些词汇更加担得起关键词这一称号。读者如果忽略这些词汇，就很容易在读完一句话后茫然不解。因此，读者要对这部分词汇重点关注。

要把握主旨比起掌握关键词更具有难度，但我们仍然可以通过一些方法，来尽可能地探究哲学家的本意，做到相对准确地把握书中主旨。

比如，在阅读正文之前，我们可以先了解、回忆本书作者的相关讯息，比如了解他的哲学思想属于哪一派、他的哲学思想有什么特点。我们也可以借助其他人对作者的介绍分析，比如书中的序言等内容，来了解作者在一本书中论述的主要内容。如果是作者本人亲自作序就更好不过了。通过他在序言中所讲到的内容，我们也可以在全书中有效地把握重点。

此外，还有很多哲学书中同时包含有很多个主旨，这些主旨之间相对来说是各自独立的部分。当采用这种论述方法的时候，哲学家们经常会把这些主旨放在开篇，再用大篇幅的推论以及实例来佐证自己的主旨。这一点与议论文的体裁有着很高的相似度，只是哲学在论述上更加精深、艰奥。但只要我们能够抓住主旨，顺着主旨去理解把握后续的分析，想要理解透彻也就变得容易一些了。

阅读哲学的方法四——把握作者的论证

之前我们提到过科学家最常用的两种研究方法：归纳法和演绎法。其中，归纳法也经常为哲学家所使用。不过不同的是，科学家的归纳经常伴随着大量的实验论证，但哲学家却很少，或者说根本不需要通过实验来论证。尽管两者的论证内容都是同样重要的部分。

与科学家不同，哲学家的工作在于解释事物的本质，而非描述本质，单是通过具体的实验，根本不足以辅助哲学家得出关于世界、关于宇宙的终极结论。何况两者所涉及的领域也有很大不同。哲学家更习惯于通过总结、思考已有的经验，来推导出对于未知的猜想和论述。

如果仅仅是依靠个人的经验显然不具有代表性，不过哲学家本来也没有这样的打算。让我们来看看哲学界的三大哲学问题：我是谁？我从哪里来？我到哪里去？可以看到，这些问题都是基于人类自身的。不仅是在思考中，在论证的过程中，哲学家也习惯于将人类社会共同证明的经验，作为自己的思考依据。或者说，是把社会和生活当中，每一位社会成员都认可并接受的常识，作为自己的理论来源，并进一步升华。因此，尽管自己并没有过多地参与到"社会实验"当中，来自全人类的普世性经验却成为了不容辩驳的最强有力依据和证明。

　　当然，有的时候，哲学家也会基于自己的假设去提出一些论证，这部分内容也是读者应该注意分辨的。既然名为假设，我们就无须在真假上过于费心，重要的是采取何种态度来面对。基于我们自身的知识和理解，也许在看到其中一些假设的时候，读者就会觉得难以理解、无法接受。不过这并不重要。重要的是，即便我们对此感到不解，也要先抛开成见，了解一下哲学家本人是如何思考的。

　　这一要求看似强人所难，其实也是基于一定的考虑。一方面，大多数读者较之哲学家，在哲学素养上显然处于劣势，因一己好恶而妄加评判，并不是谦卑的读书态度，也很有可能误会哲学家本人的想法，或是错过某个足以扭转结论的要点；另一方面，即使哲学家本人的逻辑确实存在谬误，读者也可以借由其逻辑思路，搞清楚产生谬误的原因。这样一来，读者就可以汲取教训，在进行相关思考的时候，避免陷入同样的错误方向。此外，再遇到类似的、隐藏更深的逻辑错误时，也可以更加敏锐地察觉。

　　把握论证对于读者而言并不是轻易之事，这一过程中，读者需要不断地进行思考、思考、再思考。思考是留给读者的唯一一条可以接近哲学家本人的路，善用思考也是掌握一本哲学书的唯一选择。